Melanie S. Vita
Hochsensibilität bei Kindern

Melanie S. Vita

Hochsensibilität
bei Kindern

Verstehen, begleiten und stärken

Bibliografische Information der Deutschen Nationalbibliothek
Die Deutsche Nationalbibliothek verzeichnet diese Publikation in der
Deutschen Nationalbibliografie; detaillierte bibliografische Daten
sind im Internet über http://dnb.d-nb.de abrufbar.

ISBN 978-3-86506-937-5
© 2017 by Joh. Brendow & Sohn Verlag GmbH, Moers
Einbandgestaltung: Brendow Verlag, Moers
Titelfoto: fotolia esthermm
Satz: Brendow Web & Print, Moers
Druck und Verarbeitung: CPI – Clausen & Bosse, Leck
Printed in Germany

www.brendow-verlag.de

Inhalt

Vorwort

„Die wichtigste Lebensaufgabe des Menschen besteht darin,
seinem eigenen Wesen zum Durchbruch zu verhelfen."
Erich Fromm

Warum ein neues Buch über Hochsensibilität? Die Literatur
zu diesem Thema nimmt erfreulicherweise stetig zu. Das
Phänomen der Hochsensibilität gewinnt in unserer Gesellschaft zunehmend an Bedeutung und erhält eine gebüh-
rende Präsenz. Als ich selbst durch eine Fachzeitschrift auf
das Thema gestoßen bin, entstand in mir der Wunsch, ein
Sprachrohr für all die hochsensiblen Kinder zu werden, die
sich durch ihre ruhige, angepasste Art selbst in den Hintergrund stellen. In Gesprächen mit Eltern, Bezugspersonen
und Fachkräften wurde ersichtlich, dass der Wunsch nach
übersichtlicher, prägnanter und aussagekräftiger Literatur
groß ist. Es ist nicht einfach, die Komplexität des Themas
kurz und knapp darzustellen. Nicht zufällig enthält Elaine
Arons Standardwerk „Das hochsensible Kind"[1] 486 Seiten.
In dem Buch, das Sie nun in den Händen halten, sind die
wesentlichen Aspekte zusammengestellt, wohl wissend,
dass es zu jeder Rubrik noch viel zu sagen gäbe.

Dieses Buch wendet sich …

an Eltern und Angehörige von hochsensiblen Kindern und Jugendlichen,

an alle, die beruflich mit hochsensiblen Kindern zu tun haben.

Es bietet eine erste Orientierung zu diesem Thema und soll ein Grundverständnis für hochsensible Kinder wecken. Wie zeigt sich eine hohe Sensibilität, und wie kann eine Begleitung dieser Kinder aussehen? Wie können Heranwachsende so unterstützt werden, dass die Hochsensibilität zu einem wertvollen Potenzial in ihrem Leben wird?

Liebe Eltern, Erzieher, Lehrer,

hochsensible Kinder sind besondere Kinder mit vielen Talenten; sie können das Leben sehr bereichern. Das Wissen um ihre Wesenszüge kann Ihnen helfen, mit irritierenden Verhaltensweisen und offenen Fragen umzugehen. Mit der richtigen Unterstützung können Potenziale zur Entfaltung kommen. Allgemeinpädagogische Ratschläge reichen bei diesen Kindern nicht aus. In diesem Buch lernen Sie die Besonderheiten von hochsensiblen Kindern kennen. Sie finden wichtige Tipps, die aus meiner lerntherapeutischen Begleitung von hochsensiblen Kindern entstanden sind. Ziel ist es, Ihr Kind mit seinen Reaktionen zu verstehen und passende Lösungen für Probleme zu finden.

Hochsensible Kinder zu begleiten lohnt sich!
Ihre Melanie Santa Vita

Ein Leitfaden für dieses Buch

Damit Sie sich schnell orientieren können und Themen,
die Sie besonders interessieren, auf Anhieb finden, hier ein
kurzer Leitfaden:

- In Kapitel 1 erfahren Sie Grundsätzliches über die Hochsensibilität: die Erscheinungsformen, die Ursachen und
  die Folgen.
- Kapitel 2 und 3 wenden sich speziell an Eltern[1] und Bezugspersonen von hochsensiblen Kindern.
- Kapitel 5 ist vor allem für Lehrerinnen und Lehrer ge-
  dacht.

---

1 Wenn ich in diesem Buch von Eltern spreche, beziehe ich gleichzeitig
alle Bezugspersonen des hochsensiblen Kindes mit ein, sprich Großeltern, Tagesmütter, Alleinerziehende. Diese Form wurde der Einfach-
heit halber gewählt.

Einleitung

Sie wirken auf den ersten Blick zurückhaltend, vorsichtig, ängstlich und kontaktscheu. Die Rede ist von hochsensiblen Kindern. Kinder, die in ihrem Umfeld oft als Mimose, Heulsuse oder Sensibelchen abgestempelt werden und deren Potenziale nicht selten übersehen werden. Ihre Stärken treten häufig erst bei näherem Kennenlernen zum Vorschein. Dann wird ersichtlich, wie einfühlsam sie sind, wie gut sie beobachten können, wie bedacht sie handeln und wie verlässlich sie sind.

Lena ist eines dieser Mädchen. Im Kindergarten hat sie sich nach längerer Eingewöhnungsphase gut integriert. Die Loslösung von der Mutter fiel ihr sehr schwer. In den ersten Monaten stand sie meist unsicher, beobachtend und scheinbar teilnahmslos im Raum, ohne sich Spielpartner zu suchen. Erst mit der Zeit fasste Lena Vertrauen, gesellte sich zu anderen, meist ruhigen, Kindern und ging den lauten, forschen und fordernden Kindern aus dem Weg. Seit klar ist, dass sie bald in die Schule kommt, klagt sie über Einschlafschwierigkeiten. Der neue Lebensabschnitt bereitet dem Mädchen großes Kopfzerbrechen, Ängste tauchen auf. Auch im Alltag beschreibt Lenas Mutter ihre Tochter als unsicher in unbekannten Situationen, spricht von extrem starkem Rückzugsverhalten des Kindes, so-

bald Stress und Hektik aufkommen. Über viele Kleinigkeiten zerbreche sich ihre Tochter den Kopf. Bezüglich der Einschulung hat die Mutter inzwischen Sorge. Wird ihre Tochter die Umstellung schaffen? Wie wird sie mit Mitschülern, mit Lehrern und den schulischen Anforderungen zurechtkommen?

So wie Lena geht es einer Vielzahl von Kindern. Oft wird ihr Verhalten missverstanden, fehlgedeutet und falsch interpretiert. Stoßen Eltern beim Ergründen der Ursachen auf das Thema Hochsensibilität, fällt ihnen nicht selten ein Stein vom Herzen. „Jetzt verstehe ich endlich, warum mein Kind sich so verhält", ist einer der meistgehörten Sätze in meiner Beratung. Die Auseinandersetzung mit diesem Thema lohnt sich. Hat das eigene Kind eine hochsensible Persönlichkeitsstruktur, kann das Wissen darüber helfen, den Alltag besser zu meistern und so zu gestalten, dass das Kind in seiner Entwicklung optimal gefördert wird und seine Fähigkeiten ausschöpfen kann. Dieses Buch soll einen Beitrag dazu leisten.

Fragebogen[2]:
Ist mein Kind hochsensibel?

Mein Kind ...

☐ erschrickt leicht.

☐ hat eine empfindliche Haut, verträgt keine kratzenden Stoffe, keine Nähte in Socken oder Etiketten in T-Shirts.

☐ mag keine Überraschungen.

☐ profitiert beim Lernen eher von sanfter Belehrung als harter Strafe.

☐ scheint meine Gedanken lesen zu können.

☐ hat einen für sein Alter ungewöhnlich gehobenen Wortschatz.

☐ ist geruchsempfindlich, sogar bei sehr schwachen Gerüchen.

☐ hat einen klugen Sinn für Humor.

☐ scheint sehr einfühlsam zu sein.

☐ kann nach einem aufregenden Tag schlecht einschlafen.

☐ kommt schlecht mit großen Veränderungen klar.

☐ findet nasse oder schmutzige Kleidung unangenehm.

☐ stellt viele Fragen.

☐ ist ein Perfektionist.

☐ bemerkt, wenn andere unglücklich sind.

☐ bevorzugt leise Spiele.

☐ stellt tiefgründige Fragen, die nachdenklich stimmen.

☐ ist sehr schmerzempfindlich.

☐ ist lärmempfindlich.

☐ registriert Details (Veränderungen in der Einrichtung oder im Erscheinungsbild eines Menschen etc.).

☐ denkt über mögliche Gefahren nach, bevor es ein Risiko eingeht.

☐ erzielt die beste Leistung, wenn keine Fremden dabei sind.

☐ hat ein intensives Gefühlsleben.

Hinweise zur Auswertung: Wenn Sie mindestens 13 Aussagen bejahen können, ist Ihr Kind wahrscheinlich hochsensibel. Allerdings ist der Fragebogen kein exaktes Messinstrument. Verstehen Sie die Aussagen als Beschreibung eines Temperaments, dem es wert ist, auf die Spur zu kommen! Ein objektiv messbares Diagnoseinstrument gibt es derzeit leider noch nicht. Aktuell arbeitet die Forschung an diesem Thema.

1 Hochsensible Kinder

Hintergrundinformationen

Elaine Aron prägte den Begriff der Hochsensibilität. Sie betrieb zu diesem Thema Grundlagenforschung. 1996 ging sie mit dem Konzept an die Öffentlichkeit. Der Begriff der Hochsensibilität an sich ist damit relativ neu. Die Forschung hierzu läuft hingegen schon seit über 50 Jahren. Allerdings wurden andere Begriffe benutzt und jeweils nur Teilaspekte des Themas erforscht. So verwendeten Psychologen Begrifflichkeiten wie „niedrige Reizschwelle, angeborene Schüchternheit, Introvertiertheit, Ängstlichkeit, Hemmung, negative Grundhaltung oder Furchtsamkeit"[3], um einen bestimmten Wesenszug zu umschreiben. Noch heute wird von schüchternen und nervösen Kindern gesprochen. Erst durch Elaine Aron wurde mit dem Terminus der Hochsensibilität ein ganzheitliches Konzept entwickelt. Zu den heute üblichen Begriffen gehören die **Hochsensibilität** (HS), **hochsensible Personen** (HSP, **h**ighly **s**ensitive **p**ersons) und **hochsensible Kinder** (HSK). Die genannten Abkürzungen werden auch in diesem Buch verwendet.[4]

1.1 Was verbirgt sich hinter dem Begriff Hochsensibilität?

„Hochsensible Individuen haben die angeborene Neigung, ihre Umgebung deutlicher wahrzunehmen und gründlich nachzudenken, bevor sie handeln. Nicht hochsensible Personen nehmen im Vergleich dazu weniger wahr und handeln rasch und impulsiv. Hochsensible Erwachsene und Kinder sind meist mitfühlend, klug, intuitiv, kreativ, umsichtig und gewissenhaft. […] Hochsensible Personen fühlen sich häufig überwältigt, sei es von einem ‚starken Geräuschpegel oder einem Übermaß an anderen äußeren Reizen, die auf sie einströmen."[5]

So beschreibt die amerikanische Psychologin und Psychotherapeutin Elaine Aron in ihrem Buch „Das hochsensible Kind" (2010) die Hochsensibilität.

Hochsensible Kinder sind von Geburt an mit einem empfindsamen Nervensystem ausgestattet. Aron spricht von einer „high sensory-processing sensitivity". Aufgrund einer Reizfilterschwäche sind die Kinder sehr reizoffen und nehmen Sinneseindrücke viel intensiver wahr als andere. Kaum etwas prallt einfach an ihnen ab. Was sie beobachten, spüren und wahrnehmen, wollen sie verarbeiten, durchdenken, verstehen. HSK nehmen dabei viel mehr Details auf als die Mehrzahl ihrer Mitmenschen und denken intensiver über das nach, was sie erleben. Verständlich, dass ihnen schnell alles zu viel wird. Die Menge an wahrgenommenen Informationen, wie Stimmungen von Mitmenschen, Geräusche, Gerüche etc. sorgt dafür, dass diese Kinder viel Zeit brauchen, um Geschehnisse zu verarbeiten.

Strömen zu viele Eindrücke auf die Kinder ein, kann es zu einer Reizüberflutung kommen. Sie fühlen sich erschöpft, geraten unter Stress, möchten sich von der Außenwelt abschirmen oder sind gereizt. Entgegen ihrer sonst so ruhigen und freundlichen Art beginnen HSK zu quengeln, zu weinen oder mittels Wutausbrüchen zu signalisieren, dass ihnen alles zu viel ist. Auch Schlafprobleme, Kopf- und Bauchschmerzen können Warnsignale für eine Überreizung sein. Neuen Situationen stehen HSK zunächst sehr vorsichtig und beobachtend gegenüber. Sie durchdenken alle Risiken, und erst wenn sie sich sicher fühlen und Vertrauen gewinnen, werden sie aktiv und handeln.

Nach wissenschaftlichen Untersuchungen weisen ca. 15 bis 20 % aller Kinder und Erwachsenen dieses Temperamentsmerkmal auf.

Hochsensibilität zeigt sich anhand folgender Hauptmerkmale, die bei Aron unter dem Akronym **DOES** zu finden sind[6]:

- **D**epth of processing – Verarbeitungstiefe, gründliche Informationsverarbeitung
- **O**verarousability – Übererregbarkeit, Neigung zur Überstimulation
- **E**motional Intensity – emotionale Intensität
- **S**ensory Sensitivity – sensorische Empfindlichkeit

1.2 Eigenschaften hochsensibler Kinder

Die Persönlichkeit setzt sich aus einer einzigartigen Kombination aus ererbten Wesenszügen, Erziehung und Lebenserfahrungen zusammen. Dabei spielen Temperamentsmerkmale wie die Hochsensibilität eine große Rolle. Die jeweilige Art und Ausprägung einer hohen Sensibilität ist bei jedem Kind anders. Allen gemeinsam sind jedoch die oben bereits erwähnten Hauptmerkmale, auf die im Folgenden eingegangen wird.

1.2.1 Hauptmerkmale

Depth of processing –
Verarbeitungstiefe, gründliche Informationsverarbeitung

Jeder Mensch nimmt über seine Sinneskanäle kontinuierlich eine immense Anzahl von Informationen auf. Viele dieser aufgenommenen Reize bleiben im Unterbewusstsein und werden nicht weiterverarbeitet. Nur ein Bruchteil gelangt in unser Bewusstsein und wird von unserem Gehirn in den dafür zuständigen Gehirnregionen verarbeitet. Wie hoch der Bruchteil ist, hängt vom Individuum ab. Je nach Reizfilter erreichen das Gehirn mehr oder weniger Informationen. Dabei spielen sogenannte Neurotransmitter oder auch Botenstoffe eine wichtige Rolle in der Weiterverarbeitung der Reize.

Mittlerweile wurde festgestellt, dass die Wahrnehmungsfilter bei hochsensiblen Kindern niedriger eingestellt sind. Das heißt, es gelangen wesentlich mehr Informationen zur Verarbeitung in das Gehirn (zu den Hintergründen s.

1.3.1). HSK nehmen viel mehr Einzelheiten und Details auf als andere Kinder und verarbeiten die Informationen auch nachhaltiger. Damit lässt sich gut nachvollziehen, dass sowohl Gefühle intensiver erlebt als auch Situationen viel stärker durchdacht werden. Insbesondere in neuen Situationen ziehen hochsensible Kinder es vor, Details und Beobachtungen gedanklich immer wieder abzuwägen, bevor sie handeln. Für den unerfahrenen Betrachter erweckt es den Anschein, als ob diese Kinder träumen und in ihrer Welt versunken sind. Dabei arbeitet das Gehirn auf Hochtouren, um Handlungsstrategien zu erarbeiten.

Dies hat Auswirkungen auf viele alltägliche Bereiche. So sind HSK sehr stetige Kinder, die sich schwer auf schnelle Situationswechsel einlassen können. Sie benötigen für Antworten, Entscheidungen und Arbeitsausführungen viel mehr Zeit. Konsequenzen zeigen sich dadurch auch im Bereich des Lernens: Ein hochsensibles Kind wird seine Aufgaben in der Regel detailliert und genau bearbeiten wollen. In vielen Fällen braucht es dadurch länger als andere. Das Arbeitstempo wird zugunsten der Arbeitsgenauigkeit gedrosselt. Hochsensible sind zudem ganzheitliche Denker. Sie verarbeiten jedes Detail, um ein Gesamtbild einer Situation oder eines Sachverhalts zu bekommen.

Overarousability –
Übererregbarkeit, Neigung zur Überstimulation

Durch die hohe Reizaufnahme und die intensive Verarbeitung stellt sich bei hochsensiblen Kindern deutlich rascher eine Reizüberflutung ein, die für eine niedrigere Belastbarkeit und schnellere Erschöpfung sorgt. Das heißt, diesen Kindern wird bei zu hoher Informationsflut alles zu viel, und es entsteht aufgrund der Überstimulation Stress. Es kann zu heftigen Gefühlsausbrüchen, einem schlagartig auftretenden Bedürfnis nach Ruhe und Rückzug, psychosomatischen Beschwerden oder auch zu Unkonzentriertheit und Vergesslichkeit kommen. Ruhepausen und Auszeiten sind für hochsensible Kinder entscheidend, um ihr Potenzial entfalten zu können.

Emotional Intensity – emotionale Intensität

Hochsensible Kinder nehmen Informationen aus der Umwelt auf einer tieferen Ebene wahr. Durch die intensivere Verarbeitung von Eindrücken werden auch Gefühle bei sich und anderen stärker wahrgenommen. Sowohl Gutes als auch Schlechtes wird außergewöhnlich intensiv empfunden.

Hochsensible Kinder zeigen zudem eine hohe Empathiefähigkeit. Sie können sich sehr gut in die Gefühlslage und die Stimmungen anderer Menschen hineinversetzen – stehen sozusagen in Resonanz zu ihnen. Dies kann so weit führen, dass sie den Schmerz oder das Gefühl des anderen übernehmen und unter Umständen sogar auf körperlicher Ebene nachempfinden. Forscher gehen davon aus, dass dies mit Spiegelneuronen zu erklären ist.

Die häufige Überstimulation sorgt bei hochsensiblen Kindern nicht selten für ein schnelleres Hochkochen der Emotionen. Eine besonnene Reaktion vonseiten der Eltern ist unabdingbar, damit das Kind spürt, dass es die emotionale Last nicht allein tragen muss. Versuchen Sie, die Gefühle Ihres Kindes zu erahnen und beim Namen zu nennen: Angst, Liebe, Freude, Neugierde, Stolz, Schuld, Wut, Trauer,

Verzweiflung. Die neuesten Erkenntnisse über emotionale
Intelligenz besagen, dass diese Form der Offenlegung wichtig ist. Signalisieren Sie dem Kind, dass Sie seine Empfindung genau verstehen, sich davon aber nicht anstecken
lassen.

Sensory Sensitivity – sensorische Empfindlichkeit

Hochsensible Kinder haben nicht nur ein reiches Innenleben, empfinden Emotionen viel intensiver und durchdenken sehr viel, ihr Nervensystem ist zudem darauf ausgelegt,
Informationen verstärkt aufzunehmen. Dabei sind Art und
Ausprägung je nach Kind unterschiedlich gelagert.

Stark ausgeprägter Tastsinn

Hochsensible Kinder mit einem ausgeprägten Tastsinn
nehmen Reize über die Haut detaillierter wahr als andere Kinder. Sie spüren die Beschaffenheit eines bestimmten
Materials, z.B. bei Kleidungsstoffen, viel intensiver. Das
kann zu Überreaktionen führen, wenn die Jeans zu steif
ist, die Wolle zu kratzig, die Naht juckend. Oft mögen diese Kinder feuchte Kleidung nicht, verweigern Fingerfarben
oder vermeiden es, schmutzig zu werden. Ist dies bei Klein-
kindern sehr ausgeprägt, empfiehlt der Kinderarzt meist
eine sensorische Integration. Im Gegenzug dazu empfinden HSK Berührungen viel intensiver. Im Positiven ist dies
eine hervorragende Möglichkeit, hochsensiblen Kindern
Wertschätzung auszudrücken, ihnen angenehme Gefühle
zu ermöglichen und zeitgleich Hormone freizusetzen, die
entspannen und Glücksgefühle auslösen. Insbesondere in
Stresssituationen kann das sichere Halten des Kindes Ruhe
und Entspannung bei ihm bewirken.

Stark ausgeprägte visuelle Wahrnehmung

Hochsensible Kinder mit einer ausgeprägten visuellen Wahrnehmung nehmen über das Auge detailliert und genau Informationen auf. Sie beachten selbst kleinste Details, bemerken Veränderungen eines Gegenstandes im Raum sehr schnell, beobachten Bewegungen, Gestik und Mimik von Bezugspersonen und verarbeiten die Impulse intensiv. Diese Kinder sind ausgeprägt bildhafte Denker, sie lieben Farben, Formen und haben oft einen ausgeprägten Sinn für Ästhetik.

Starker Gehörsinn

HSK mit einem ausgeprägten Gehörsinn nehmen selbst feinste, leiseste Geräusche wahr. Oft sind sie musisch begabt, haben ein Gespür für Harmonien und Klänge. Umgekehrt lässt sich natürlich gut nachvollziehen, dass ein Zuviel an Geräuschen, ein hoher Lärmpegel und eine hohe akustische Belastung Stress auslösen.

Fein ausgeprägter Geschmacks- und Geruchssinn

Hochsensible Kinder schmecken und riechen feinste Nuancen – und diese viel intensiver, als es ihr Umfeld nachvollziehen kann. Sie sind durch eine Geruchsvielfalt schnell überwältigt, schmecken zum Beispiel sofort heraus, ob eine Soße mit Zwiebeln gekocht wurde, auch wenn diese nicht zu sehen sind. Aufgrund ihres ausgeprägten Geschmacks- und Geruchssinnes sind HSK oft heikle Esser, in positivem Sinne sind sie Fein-Schmecker. Im Alltag kann dies für Eltern allerdings anstrengend sein und bedeuten, dass sie viel kreativer und gleichzeitig entspannter sein müssen, um das Essverhalten des HSK auszuhalten.

1.2.2 Die Stärken hochsensibler Kinder

Hochsensible Kinder haben eine Vielzahl an wertvollen
Fähigkeiten. Dazu gehören unter anderem ein gutes Ein-
fühlungsvermögen, eine ausgeprägte Intuition, ein starkes
Gerechtigkeitsempfinden, Verlässlichkeit, Kreativität und
eine hoch entwickelte Detailwahrnehmung. Sie möchten
an sie gestellte Anforderungen so gut wie möglich lösen.
Schulkinder nehmen schulische Inhalte detailliert auf und
erkennen komplexe Zusammenhänge in der Regel sehr
schnell. Bei Kindern mit einer ausgeprägten sensorischen
Wahrnehmung zeigt sich zudem oft eine hohe musische
oder künstlerische Begabung. Ebenso kann sich ein feiner
Geruchs-, Geschmacks- und Tastsinn zeigen.

Weitere Stärken:
- hohe Feinfühligkeit
- ausgeprägte Detailwahrnehmung
- hohe Konzentrationsfähigkeit
- sehr gute Intuition
- ausgeprägte Sozialkompetenz
- Kreativität
- Reflexionsfähigkeit
- starker Gerechtigkeitssinn

Die Stärken und das Potenzial hochsensibler Kinder zu
sehen, zu entdecken und zu fördern ist eine der wesentlichen Erziehungsaufgaben betroffener Eltern. Damit sich
die Potenziale der Kinder entfalten können, ist es unerlässlich, dass sie wenig Überreizung erfahren. Diese ganz
zu vermeiden, wird im alltäglichen Leben nicht machbar
sein. Umso notwendiger ist es, den Kindern Ruhephasen

zu ermöglichen und ihr Bedürfnis nach Rückzug ernst zu nehmen.

1.2.3 Die Schwächen hochsensibler Kinder

Um hochsensiblen Kindern bis zum Erwachsenenalter wertvolle Unterstützung zukommen zu lassen, ist es wichtig, sowohl die Stärken als auch die Schwächen zu kennen und adäquat darauf einzugehen. Meiner Erfahrung nach können Potenziale dann zum Tragen kommen, wenn diese Kinder es lernen, sowohl mit ihren Stärken als auch mit ihren Schwächen zu leben und den Alltag darauf abzustimmen.

Hochsensiblen fällt es grundsätzlich sehr schwer, die Vielzahl an Sinneseindrücken zu verarbeiten, einzuordnen und abzulegen. Sie benötigen hierfür viel Zeit und Ruhe. Mit Zeitbegrenzungen, Druck und Spontanität haben sie ihre Mühe. Zudem sind Hochsensible laut Pfeifer (2009)[7]:

- häufig überempfindlich
- sehr verletzlich
- sehr nachdenklich
- vorsichtig, zurückhaltend und risikoscheu
- ängstlich
- nicht in dem Maß belastbar wie andere
- schnell am Limit
- schnell überwältigt und in Folge blockiert
- dazu geneigt, Überreaktion zu zeigen
- rasch gereizt, verstimmt

Was es mit diesen vermeintlichen Schwächen auf sich hat, wie damit umgegangen werden kann und wie die Stärken am Ende einen gebührenden Raum im Leben des Kindes erhalten, werden Sie im Laufe des Buches durch viele Ideen und Anregungen erfahren. Je mehr die Unterstützung der hochsensiblen Kinder auf das Temperament abgestimmt ist, desto höher die Chance auf eine gute Entfaltung. Ähnlich wie eine Pflanze die richtigen Bedingungen benötigt, um aufzublühen, wachsen auch hochsensible Kinder über sich hinaus, wenn sie Bedingungen erleben, die ihnen guttun.

1.3 Hochsensibilität - Erziehung, Temperament oder neurobiologische Besonderheit?

Viele Eltern hochsensibler Kinder werden mit dem Vorurteil konfrontiert, ihre Erziehung sei schuld daran, wenn Sohn oder Tochter scheue und ängstliche Verhaltensweisen zeigen. *„Wie? Dein Kind traut sich nicht alleine zum Bäcker? Das müsste in dem Alter aber längst drin sein. Du bist viel zu nachlässig."* – *„Was treibt dein Kind beim Essen für Spielchen mit dir? Was auf den Tisch kommt, wird gegessen! Du lässt ihm wirklich alles durchgehen. Würde es bei mir groß werden, wäre es längst nicht so wählerisch."* Mit diesen oder ähnlichen Kommentaren wird Eltern unterstellt, sie hätten das Kind verzogen. Aber: Hochsensibilität ist weder ein Erziehungsfehler noch eine gewollte Marotte der Kinder! Die Gründe sind vielmehr in den besonderen Wahrnehmungsverarbeitungen zu suchen. Hierfür spielen laut wissenschaftlichen Untersuchungen ererbte Faktoren eine entscheidende Rolle.

Experten gehen davon aus, dass zwei Drittel aller betroffenen Kinder den hochsensiblen Wesenszug von Geburt
an in sich tragen. In diesen Fällen wird die hohe Sensibilität vererbt und lässt sich in der Regel auch bei Eltern oder
Großeltern finden. Bei einem geringeren Anteil kann die
hohe Sensibilität durch psychische Verletzungen oder trau-
matische Belastungen erworben sein.[8]

1.3.1 Die Frage des Temperaments

Ein Temperament wird laut Pfeifer (2009) folgendermaßen
definiert:

*„Temperament: umschreibt die biologischen, genetisch bereits
angelegten Reaktionsmuster eines Menschen. Sie zeigen sich
bereits im Säuglingsalter (…). Man unterscheidet vier Dimensionen, nämlich (1) Offenheit für neue Erfahrungen, Suche
nach Neuem (novelty seeking), (2) Vermeiden von Schaden
und Schmerz, (3) Abhängigkeit von Belohnung und Zuwendung sowie (4) Durchhaltevermögen oder Ausdauer.“[9]*

Das Temperament wird demnach genetisch festgelegt.
Wissenschaftler nutzen unterschiedlichste Kategorien, um
Temperamente zu unterteilen. Betrachtet man hochsensible Kinder unter Einbeziehung der vier oben genannten
Dimensionen, so lassen sich einige Beobachtungen feststel-
len: Hochsensible haben ein sehr wachsames Gehirn, das
einem dauerhaft eingestellten „inneren Radar" ähnelt. Das
heißt, sie sind kontinuierlich am Aufnehmen von Informationen, um Situationen besser überblicken und einsor-
tieren zu können. Oftmals zeigt sich diese innere Anspannung in neuen Situationen oder in Situationen, die eine

Entscheidung verlangen, auch für Außenstehende. Je nach Alter sind Weinerlichkeit, rasches Verstummen, erhöhte Muskelanspannung und Unruhe zu beobachten. Entspannung tritt bei den Kindern erst nach längerer Zeit ein. Erst dann werden sie mutig und geben ihre Zurückhaltung zugunsten eines aktiven Handelns auf. Zeitgleich zeigt sich eine starke Selbstüberwachung, auch „self-monitoring" genannt. Dies bedeutet, dass hochsensible Kinder sich und ihr Verhalten in sozialen Situationen ständig überprüfen mit dem Ziel, möglichst nicht aufzufallen und keine Fehler zu machen. Fragen wie *„Wie komme ich an?, Bin ich gut genug?, Werde ich akzeptiert?, Wie sehe ich aus?, Wie beurteilen mich die anderen?, Hoffentlich mache ich nichts falsch!"* sind konstante Begleiter dieser Kinder. Nicht selten zeigt sich ein sehr kritisch eingestelltes Selbstbild.

1.3.2 Die besondere Wahrnehmung hochsensibler Kinder

Wie bereits angedeutet, nehmen wir über unsere Sinneskanäle kontinuierlich Informationen bzw. Reize aus unserem Umfeld auf. Diese Reize werden in einer Art Filter vorsortiert, um das Kurzzeitgedächtnis nicht zu überlasten. Das Unterbewusstsein entscheidet, welche der Informationen wichtig und welche unwichtig sind. Mittels Botenstoffen (Neurotransmitter) werden die für wichtig erachteten Informationen an die jeweils zuständige Gehirnregion weitergeleitet. Es findet eine Reizverarbeitung statt, bei der die neuen Informationen mit bisher Bekanntem abgeglichen werden und zu dementsprechenden Entscheidungen oder Erkenntnissen führen.

Nun haben Untersuchungen des amerikanischen Psychologen Jerome Kagan ergeben, dass hochsensible Kinder (bei Kagan „gehemmte Kinder") eine hohe Konzentration an Botenstoffen aufweisen. Dadurch können mehr einströmende Impulse aufgenommen und weiterverarbeitet werden, es werden insgesamt weniger Reize gefiltert.[10]

Haben hochsensible Kinder aufgrund einer starken Reizflut oder durch Zeitmangel nicht die Möglichkeit, Impulse unmittelbar zu verarbeiten, werden die Informationen nicht – wie bei anderen Kindern – „ökonomisch" gelöscht, sondern in einer Art „Zwischenablage" gespeichert. Sobald Ruhe eintritt, beginnen hochsensible Kinder mit der Verarbeitung der ungeklärten bzw. unverarbeiteten Impulse. Dies ist auch der Grund dafür, dass HSK selbst nach Wochen noch mit ungeklärten Fragen ankommen, die für uns Erwachsene schon längst in Vergessenheit geraten sind. Da die Ruhe meist beim Zubettgehen einkehrt, gehören Einschlafschwierigkeiten zu den häufigsten Folgen. Das Gehirn arbeitet noch auf Hochtouren und findet keine Ruhe.

Die ganz eigene Art, Informationen aufzunehmen und zu verarbeiten, kann in vielen Situationen vorteilhaft sein. So sind hochsensible Kinder ganzheitliche Denker, die sehr reflektiert und detailliert an Aufgaben und Sachverhalte herangehen. Sie haben eine ausgeprägte Gedächtnisleistung und meist ein gut entwickeltes wahrnehmungsgebundenes logisches Denken. Sind diese Kinder allerdings mit innerpsychischen Prozessen, ungeklärten Gedanken und Gefühlen beschäftigt oder stehen sie unter Zeit- oder Leistungsdruck, fällt ihnen die Konzentration mitunter schwer.

1.3.3 Das Verhaltenssystem hochsensibler Kinder

Wir alle haben ein inneres Verhaltenssystem, das sich aus
einem Hemmsystem und einem Aktivierungssystem zu-
sammensetzt. Das Aktivierungssystem ist zuständig dafür, dass wir Neues wagen, aktiv werden, uns ausprobieren, Raum einnehmen, Grenzen testen. Das Hemmsystem
bietet hierzu einen Gegenpol. Es ist dafür da, uns in unserem Handeln zu bremsen, eine Reflexion der Situation
anzusteuern und zur Vorsicht zu mahnen, bevor gehandelt
wird. Beide Systeme haben ihren Sinn und dienen entwe-
der der Sicherheit oder der Grenzerweiterung.[11]

Hochsensible Kinder haben laut E. Aron in der Regel ein
ausgeprägtes Hemmsystem. Dies wurde mittels bildgeben-
der Verfahren nachgewiesen. In diesem System ist die rech-
te Hemisphäre des denkenden Gehirnteils (Frontalkortex)
stark aktiviert. HSK brauchen mehr Zeit, um Situationen
zu verarbeiten und zu guten Entscheidungen zu gelangen.
Erst wenn sie einen Sachverhalt von allen Seiten beleuchtet und sämtliche Risiken durchdacht haben, handeln sie
und setzen damit ihr Aktivierungssystem in Gang. Aus diesem Grund ist es nachvollziehbar, dass hochsensible Kinder Zeitdruck und auch Überraschungen nicht mögen. Das
Hemmsystem hilft hochsensiblen Kindern, ihrem ausgeprägten Sicherheitsbedürfnis gerecht zu werden.[12]

Ersichtlich wird dieses Verhaltenssystem insbesondere in
unbekannten Situationen bzw. neuen Lebensphasen. So
werden Hochsensible beim Eintritt in den Kindergarten,
beim Schuleintritt oder bei Ausbildungs- oder Studienbe-
ginn zunächst beobachtend, wenig aktiv und vorsichtig

sein. Haben sie verstanden, was von ihnen erwartet wird, wie sich die jeweiligen Regeln gestalten, wie die Abläufe sind und welchen Personen in ihrem neuen Umfeld sie vertrauen können, werden HSK aktiv, knüpfen Kontakte und beginnen zu handeln. Dieser Prozess benötigt mitunter außergewöhnlich viel Zeit, ist aber für Hochsensible ein elementar wichtiger Entwicklungsvorgang.

1.3.4 Das starke Sicherheitsbedürfnis

Durch das hohe Sicherheitsbedürfnis zeigt sich bei hochsensiblen Kindern oftmals eine Vermeidung von neuen, unbekannten und damit unsicheren Situationen. HSK neigen von sich aus nicht unbedingt dazu, Neues zu wagen. Gut erklären lässt sich dieses Verhalten an dem Drei-Zonen-Modell

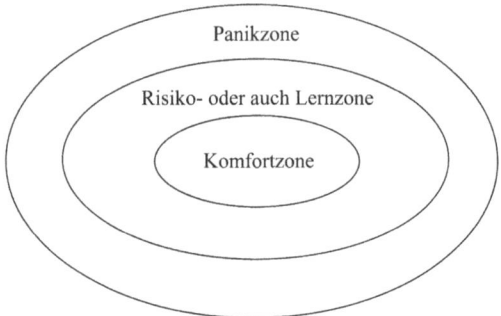

Panikzone

Risiko- oder auch Lernzone

Komfortzone

Hochsensible Kinder halten sich gerne in der Komfortzone auf, einem Zustand, in dem nichts Neues zu erwar-
ten ist, Menschen, Situationen und Begebenheiten bereits
bekannt sind und damit Sicherheit vermitteln. Gäbe es
nur die Komfortzone, wären HSK glücklich. Allerdings ge-
schieht hier kein persönliches Wachstum. Dafür ist es immer wieder notwendig, die Komfortzone zu verlassen und
in die Risiko- bzw. Lernzone zu treten, einen Zustand, der
unbekannt ist und dadurch sowohl Erfolg als auch Scheitern Tür und Tor öffnet. Ist der Raum zu weit gesteckt, allzu unsicher und sind die Risiken unüberschaubar, entsteht
Panik. Diese wiederum engt den Handlungsspielraum ein,
führt zu Blockaden und zu Handlungsunfähigkeit. Um
Persönlichkeitswachstum zu garantieren, heißt es, immer
wieder zwischen Komfortzone und Risiko- bzw. Lernzone
„zu wandern" und damit Grenzen zu erweitern und neue
Lebensphasen zu meistern. Hierzu braucht es die Unterstützung einer wohlgesonnenen Bezugsperson.

1.3.5 Introvertiert oder extrovertiert?

Was haben Introversion und Extroversion mit hochsensiblen Kindern und deren Verhaltenssystem zu tun? Entgegen der gängigen Meinung, hochsensible Kinder seien
ausschließlich introvertiert, führen Studien zu anderen
Erkenntnissen. Es kann laut Aron davon ausgegangen werden, dass ca. 70 % der hochsensiblen Kinder introvertiert
und 30 % extrovertiert sind.[13]

Bei extrovertiert hochsensiblen Kindern sind beide oben
genannten Verhaltenssysteme gleich stark ausgeprägt.
Das Bedürfnis nach neuen Erfahrungen und nach aktivem

Handeln ist ebenso stark ausgebildet wie das Bedürfnis nach Sicherheit und dem Vermeiden von Risiken. Diesen Kindern fällt es mitunter sehr schwer, Entscheidungen zu treffen, da widerstreitende Bedürfnisse in ihnen zu inneren Konflikten führen. Extrovertiert Hochsensible sind leicht gelangweilt, aber auch leicht überstimuliert, sie wagen sehr schnell Neues, sind dann aber wiederum schnell überfordert. Auf Außenstehende kann dies irritierend und widersprüchlich wirken.

Introvertiert hochsensible Kinder wiederum haben ein starkes Reflexionssystem. Sie bevorzugen ein äußerlich ruhiges Leben, haben keinen Mitteilungsdrang und fokussieren sich auf ihr reges und tiefes Innenleben. Aus dem Alleinsein schöpfen sie Kraft.

1.3.6 Die Stärke der Emotionen

Untersuchungen haben ergeben, dass die Intensität der Emotionen bei hochsensiblen Kindern, wie bereits unter 1.2.1 dargestellt, viel stärker ausgeprägt ist als bei anderen. Sowohl bei Pfeifer (2009) als auch bei Cain (2011) wird diese Besonderheit im Nervensystem eingehend beschrieben.[14]

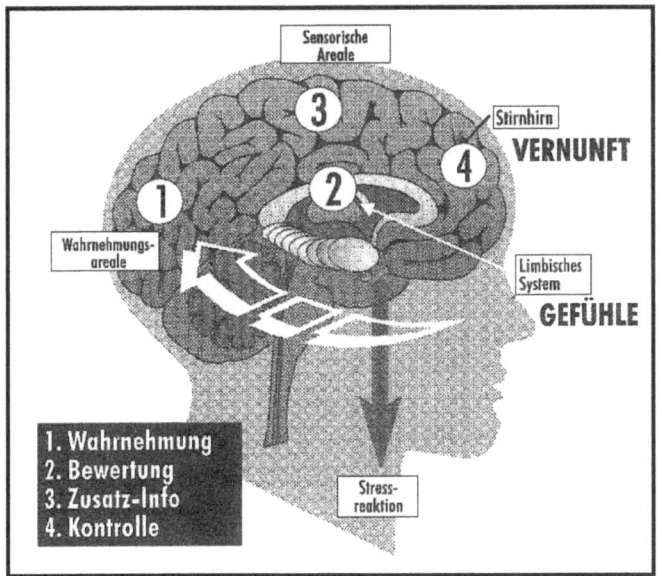

Quelle: Pfeifer (2009), S. 34

Zunächst findet bei jedem Menschen eine Informations-
aufnahme durch die Sinneskanäle statt. Bei der Weiterlei-
tung der Reize in das limbische System folgen auf die sach-
lichen Informationen entsprechende Gefühle und eine
erste Bewertung der Situation. Weiterverarbeitet wird nun,
indem die Impulse in den sensorischen Arealen mit bisher
Bekanntem und Abgespeichertem abgeglichen werden, bis
schließlich im Stirnhirn auf Vernunftsebene eine Lösung
gefunden, eine Entscheidung getroffen wird.

Untersuchungen zeigen, dass das Nervensystem hochsensibler Kinder, bedingt durch das wachsamere Gehirn, emotional viel stärker reagiert als bei anderen Kindern. Das

heißt, das limbische System ist bei HSK hochaktiv, und es werden stärker als notwendig Stresshormone ausgeschüttet. In Summe dauert es dadurch auch viel länger, bis es zu einer Beruhigung kommt und der lösungsorientierte Teil des Gehirns aktiviert wird.

1.4 Hochsensibilität – ein Temperaments-merkmal und keine Störung

Meist bemerken Eltern schon sehr früh, dass ihr Kind sich anders verhält als andere Kinder, finden dafür aber keine Erklärung. Nicht selten stellt sich die Frage: Ist das Verhalten meines Kindes noch normal, oder zeigt sich eine Störung, die einer Therapie bedarf?

Die Psychologin E. Aron verdeutlicht, dass Hochsensibilität ein positiv zu bewertendes Persönlichkeitsmerkmal und kein Krankheitsbild ist. Je besser Eltern, Bezugspersonen und Pädagogen auf die Eigenart der HSK eingehen, desto größer ist die Chance, dass das Kind die Herausforderungen des Lebens meistert. Der Versuch einer Desensibilisierung oder ein Umfeld, das der Hochsensibilität keinen Raum lässt, können in Folge Störungsbilder hervorrufen.

Eltern sind in der Entwicklung ihres hochsensiblen Kindes immer wieder vor Herausforderungen gestellt, die unter Umständen alleine nicht zu bewältigen sind. Was, wenn die Schlafprobleme überhandnehmen, wenn das Kind beginnt, jegliche Kontakte zu meiden? Wenn es mit seiner Andersartigkeit nicht zurechtkommt? Was, wenn es in der Pubertät die notwendige Ablösung nicht schafft, weil da-

durch Sicherheit und Struktur wegbrechen könnten? Hier
kann es hilfreich sein, sich als Eltern Unterstützung von
Psychologen oder Therapeuten zu suchen, die sich auf das
Thema Hochsensibilität spezialisiert haben.

1.5 Wie wirkt sich Hochsensibilität auf die Entwicklung aus?

Wie sich die Hochsensibilität im Leben eines Kindes entwickelt, ob sie als Gabe oder Last empfunden wird, hängt
wesentlich von drei Faktoren ab: den individuellen Poten-
zialen, der Erziehung und den jeweiligen Lebenserfahrungen. Dabei entscheidet die elterliche Erziehung laut Untersuchungen maßgeblich darüber, ob ein Kind seine Hochsensibilität annehmen und sie im Leben als Stärke nutzen
kann.[15] In der gesamten Entwicklung heißt es, darauf zu
achten, dass die hohe Feinfühligkeit, die schnelle Reizüberflutung und das lange Nachhallen einen angemessenen
Platz erhalten. Je mehr ein hochsensibles Kind im inneren
Einklang mit sich selbst ist, desto besser können Stärken
zum Tragen kommen.

Dabei bekräftigen etliche Autoren wie Schorr (2011), Trappmann-Korr (2011) und Lohaus et al. (2007), wie wichtig ein
optimales Erregungsniveau für die Entfaltung von Potenzi-
alen ist.[16] Damit ist gemeint, dass ein Kind weder gelangweilt noch der Erschöpfung nahe ist. So schreiben Lohaus
et al. (2007):

*„Es gibt ein optimales Erregungsniveau, auf dem man beson-
ders gute Leistungen erbringt. Dies entspricht in der Regel ei-*

nem mittleren Aktivierungsniveau, wobei individuelle Unterschiede des Aktivierungsspektrums zu berücksichtigen sind. Auch außerhalb von Leistungssituationen kann es präferierte Aktivierungsniveaus mit entsprechenden individuellen Unterschieden geben."[17]

Das optimale Erregungsniveau entspricht einer Art innerem Gleichgewicht. Es ist kein konstanter Zustand, der einmal erreicht wird und dann für immer bleibt. Vielmehr heißt es in jeder Lebensphase und mit jeder Lebensveränderung, wieder neu Justierungen vorzunehmen und den Alltag mit den jeweiligen Bedürfnissen abzugleichen. Hochsensible Kinder sind herausgefordert, mit den Gegebenheiten in unserer Gesellschaft klarzukommen. Dies kann auch gelingen. Je mehr Unterstützung sie von wichtigen Bezugspersonen erhalten, desto größer die Chance, eine gesunde und stabile Persönlichkeit zu entwickeln.

1.6 Zusammenfassung

Hochsensibilität bezeichnet ein Temperamentsmerkmal, bei dem Personen von Geburt an mit einem empfindsameren Nervensystem ausgestattet sind. Durch eine Reizfilterschwäche werden viel mehr Informationen über die Sinneskanäle aufgenommen und detailliert verarbeitet. Über welche Sinneskanäle verstärkt Informationen aufgenommen werden, ist dabei von Person zu Person unterschiedlich. Durch die erhöhte Reizaufnahme kann es schneller als bei anderen Menschen zu Überreizung und Erschöpfung kommen. Regelmäßige Erholungsphasen sollten ein wichtiger Bestandteil dieser Personen sein.

Für Eltern hochsensibler Kinder heißt das, stets im Blick zu halten, wann ihre Zöglinge das innere Gleichgewicht verlieren. Dafür ist es meist notwendig, nonverbale Anzeichen zu verstehen, z. B. Jammern oder Quengeln.

Fühlen sich hochsensible Kinder verstanden und angenommen und ist ihr Energiehaushalt im Gleichgewicht, können sich Potenziale gut entfalten.

2 Hochsensible Kinder
stark machen

2.1 Allgemeines

Hochsensibilität ist laut Georg Parlow, Autor des Buches „Zart Besaitet"[18], vergleichbar mit einem Präzisionswerkzeug. *„Es ist beeindruckend leistungsfähig in der Wahrnehmung, Verarbeitung und im kreativen Output. Doch leider wurde es ohne Gebrauchsanweisung geliefert."*[19]

Mir gefällt der Gedanke, dass HSK die Hochsensibilität als Werkzeug mit auf ihren Weg bekommen haben. Wie jeder Handwerkslehrling von Grund auf lernt, mit Gerätschaften umzugehen, um diese am Ende der Ausbildung gut zu beherrschen, sollte es auch in der Erziehung und der Begleitung von hochsensiblen Kindern ein erklärtes Ziel sein, ihnen den Umgang mit ihrer hohen Sensibilität beizubringen, sodass sie diese als Potenzial in ihrem Leben nutzen können.

Hochsensible Kinder merken früher oder später, dass sie sich von anderen Menschen unterscheiden. Wird von vorn-

herein offen darüber geredet, kann es dem Kind eine positive Sichtweise seiner Persönlichkeit vermitteln. So können
bereits früh die Vorteile einer hochsensiblen Anlage her-
vorgehoben werden, indem z. B. die detaillierte Wahrnehmung anerkannt und damit Wertschätzung ausgedrückt
wird. Wenn das Kind bei einer turbulenten Familienfeier
früher müde wird als Gleichaltrige, ist es ungünstig zu sagen: *„Reiß dich zusammen, schließlich spielen die anderen
Kinder auch noch so schön miteinander. Was soll deine Oma
von dir denken, wenn du jetzt das Jammern anfängst?"* Viel
besser ist es zu sagen: *„Ich weiß, dass du heute schon sehr viel
erlebt und alles genau beobachtet hast. Ich verstehe, dass du
nach Hause möchtest. Aber ich möchte noch kurz mit deiner
Tante reden. Das wird eine Viertelstunde dauern, dann können wir gehen."*

Je früher die Hochsensibilität erkannt wird, desto besser
kann das Kind in seinem Temperament unterstützt werden.
Auf diese Weise minimiert sich auch die Wahrscheinlich-
keit einer Entwicklung von Folgestörungen entscheidend.

2.2 Warum die Hochsensibilität in der Erziehung Beachtung finden sollte

Die Bedeutung der Eltern für die Entwicklung eines Indi-
viduums steht außer Frage. Die Erziehung ist prägend für
den Verlauf der Persönlichkeitsentwicklung. Eine gesunde
Atmosphäre im Elternhaus fördert eine stabile persönliche
Entwicklung.

Was hochsensible Kinder brauchen, ist ein Umfeld, das ihnen wohlwollend begegnet. HSK gehen mit sich selbst sehr kritisch um, haben hohe Ansprüche, sind damit beschäftigt, es allen recht zu machen und keine Fehler zu begehen. Umso wichtiger ist es, dass Eltern und wichtige Bezugspersonen Milde walten lassen, wenn Situationen schiefgehen, Fehler gemacht werden, Ängste zu groß sind und die Kinder es nicht schaffen, über ihren Schatten zu springen. Damit erfahren hochsensible Kinder eine Entlastung und lernen, dass sie so, wie sie sind, geliebt, gewollt und angenommen sind.

Hochsensible Kinder haben persönliche Grenzen, die ernst genommen werden sollten. Versuche der Desensibilisierung nutzen den Kindern genauso wenig wie übermäßige Besorgtheit und Schonung. Das Abwägen zwischen den Bedürfnissen des Kindes und gesellschaftlichen Anforderungen kann für Eltern oft sehr herausfordernd sein.

Da hochsensible Kinder sehr schnell überfordert, gestresst und reizüberflutet sind, brauchen sie dringend Ruhephasen und die Möglichkeit, aufzutanken. Dies kann bedeuten, dass Freizeitaktivitäten reduziert und Phasen geschaffen werden, in denen das Kind keiner Aktivität ausgesetzt ist. Insbesondere hochsensible Schulkinder brauchen Tage, an denen sie nicht lernen müssen und sich eine Auszeit nehmen dürfen. Auch Familienrituale und ein strukturierter Alltag sind förderlich.

Neue Situationen sollten mit hochsensiblen Kindern durch Gespräche, Rollenspiele etc. vorbereitet werden. Überraschungen und Spontanaktionen lösen bei HSK regelrecht Stress aus und belasten sie unnötig. Jedes Gespräch, jeder

Hinweis und jede zusätzliche Information über das, was die Kinder erwartet, bedeutet für Hochsensible mehr Sicherheit und damit weniger Grund zur Angst. Das kann heißen, die Menükarte eines Restaurants im Vorfeld mit dem Kind durchzugehen, um ihm bei der Familienfeier vor vielen Personen eine Blamage zu ersparen. Es kann auch heißen, bereits vor der Einschulung der Schule einen Besuch abzustatten, sich über den zukünftigen Lehrer zu informieren, den Ablauf eines Schulvormittags im Vorfeld durchzuspielen. Je mehr Zeit Sie hierfür investieren, umso gelassener kann das Kind mit der unbekannten Situation umgehen.

Sehr lohnenswert kann es sein, sich Gedanken über die Botschaften zu machen, die im Elternhaus vermittelt werden. Ist es ein *„Du fühlst/denkst genau richtig"*, ein *„Wenn du dich anpasst, wirst du angenommen"* oder *„Sei nicht so sensibel"?* Familiäre Botschaften bestimmen die Grundprägung des Kindes.

2.3 Wichtige Grundprinzipien

2.3.1 Bedingungslose Wertschätzung

Von klein auf werden hochsensible Kinder von unterschiedlichsten Seiten dazu angehalten, sich anzupassen, weniger sensibel zu sein, sich in erwünschter Weise zu verhalten. Doch Anpassung ist für eine gesunde Entwicklung keine Lösung. Genauso wenig wie Versuche der Desensibilisierung. Denken Sie an den afrikanischen Spruch *„Gras*

wächst nicht schneller, wenn man daran zieht". Um ein tief-
greifendes Wachstum zu erreichen, ist es wichtig, die Eigenart des Kindes sowie individuelle Veränderungsprozesse
und deren Tempo zu respektieren. Hochsensible Kinder
brauchen die Erfahrung, dass sie um ihrer selbst willen geliebt werden: ohne Bedingungen, Leistungen oder Erfolge.
Auf diese Weise kann sich eine Selbstachtung entwickeln,
die den Stürmen des Lebens standhält. Verlässliche und lie-
bevolle Bindungen sind elementar für eine gute Entwicklung des HSK.

2.3.2 Achtsamer Umgang miteinander

Wie oft sind unsere Gespräche verknüpft mit Bewertungen
oder dem Wunsch, das Gegenüber von der eigenen Meinung zu überzeugen? Dieses Phänomen macht auch vor
der Erziehung nicht halt. Erzählt uns ein Kind, dass die Unterwäsche enorm kratzt, das Etikett stört, die Naht zieht,
die Schuhe zu eng geschnürt sind, kann es vorkommen,
dass wir seine Wahrnehmung völlig übergehen und es von
unserem Standpunkt überzeugen wollen. Schnell kommt
ein *„Das kann doch gar nicht sein"* über die Lippen oder
ein *„Stell dich nicht so an"*. Sätze, die hochsensible Kinder
allzu oft hören. Gerade bei sensorisch empfindsamen Kindern fällt es Erwachsenen mitunter schwer, die Wahrnehmung des Kindes zu akzeptieren. Dabei ist die Akzeptanz
ein wichtiger Schritt dazu, dass das Kind sich selbst ernst
nimmt und mit seiner hohen Sensibilität umzugehen lernt.
Wenn es begriffen hat: *„Meine Wahrnehmung ist nicht verkehrt"*, hat es einen Meilenstein erreicht. In einem nächsten
Schritt kann dann geschaut werden, wie nun zu handeln
ist, was zu tun ist, um den schmalen Grad an Wohlfühlzo-

ne wiederherzustellen. Genau dieses Vorgehen wird inzwischen in einer Vielzahl von Büchern über Achtsamkeit und den entsprechenden Programmen empfohlen.

Wenn Ihr Kind nächstes Mal über Unannehmlichkeiten klagt, gehen Sie folgendermaßen vor:

1. Wahrnehmen:
   Hören Sie genau hin, was die Kernaussage des Kindes ist.

2. Annehmen:
   Akzeptieren Sie die Aussage, und reden Sie diese dem Kind nicht aus.

3. Spiegeln:
   Wiederholen Sie das Gesagte am besten in eigenen Worten, und vergewissern Sie sich, ob Sie das Kind richtig verstanden haben.

4. Lösungen suchen:
   Wird ein hochsensibles Kind von seinen Emotionen und Wahrnehmungen überrollt, wird es in diesem Moment nicht fähig sein, Lösungen für das Problem zu finden. Dies liegt daran, dass der Teil des Gehirns, der für die Emotionen zuständig ist, hochaktiv ist und einen Zugang zum Frontalhirn (zuständig für die Lösungsfindung) verhindert (vgl. 1.3.6). Hier brauchen hochsensible Kinder die Unterstützung der Erwachsenen. Schlagen Sie mehrere Optionen vor, die das Problem des Kindes beheben könnten. *„Lass uns das Etikett abschneiden",* *„Lass uns die weiche Unterwäsche anziehen", „Lass uns die Schnürsenkel neu binden".* Das Kind muss lernen: Es gibt für jedes Problem eine Lösung, es muss nicht in seinen unangenehmen Emotionen ausharren.

5. Umsetzen der Lösungsidee:
Diese Vorgehensweise wirkt sehr zeitaufwendig. Machen Sie sich keine Vorwürfe, wenn es Ihnen nicht immer gelingt, nach diesen Schritten vorzugehen. Auch Sie als Eltern haben Emotionen, stehen unter Stress und können durch die Empfindsamkeiten der Kinder nervös werden. Aber wann immer Sie sich in der Lage dazu fühlen und in Ihrer inneren Mitte sind, trainieren Sie diese Art der Kommunikation. Mit der Zeit automatisiert sich das eigene Verhalten und kann allen helfen, entspannter miteinander umzugehen.

2.3.3 Den Kindern Selbstmitgefühl nahebringen

Wie bereits in Kapitel 1 ersichtlich wurde, gehen hochsensible Kinder sehr selbstkritisch mit sich um. Diese Selbstkritik ist nicht förderlich für das Selbstbewusstsein. Eine hohe Selbstüberwachung, gepaart mit perfektionistischem Gedankengut, führt längerfristig zu Frustration, Sorge und Angst.

HSK brauchen sehr früh Vorbilder, die ihnen zeigen, was Selbstachtung und Selbstfürsorge bedeuten. Das Konzept des Selbstmitgefühls von Kristin Neff (2012)[20] vorzuleben und auch zu vermitteln ist meines Erachtens die beste Strategie, um hochsensiblen Kindern zu signalisieren: *„Du bist in Ordnung, so wie du bist"*, *„Ich glaube an dich und deine Fähigkeiten"*, *„Du wirst es schaffen"*. Ziel ist es, dass das Kind diese Haltung irgendwann für sich selbst annimmt und auch umsetzt, sprich, sich selbst ein guter Freund wird.

Zunächst ist aber wichtig, noch einmal zu klären, warum

die Selbstkritik oft so einschneidend ist. Diese hat nicht selten einen Sinn: Je schneller ich zu mir selbst und vor anderen sage *„Da habe ich mich ja völlig bescheuert angestellt"*, *„Wie peinlich war das denn?"*, *„Im Umgang mit dem Ball bin ich total miserabel"*, *„In Englisch bin ich einfach eine Niete"*, umso eher komme ich den anderen zuvor. Ich kritisiere mich selbst, bevor es die anderen tun. Denn der Wunsch, der über jeglichem Verhalten steht, ist letztlich die Akzeptanz – der Gruppe, des Klassenkameraden, der Eltern, der Lehrkraft. Es lassen sich beliebige Personen und Personengruppen einfügen.[21] Leider hat die Selbstkritik einen großen Haken: Mit jeder Kritik verletze ich mich letztlich selbst. Dadurch sinken sowohl die Motivation als auch das Selbstwertgefühl drastisch.

Selbstmitgefühl besteht aus drei Elementen: Selbstfreundlichkeit, Verbundenheit mit anderen und Achtsamkeit.[22]

Selbstfreundlichkeit

Haben Sie es auch schon erlebt, dass Ihr hochsensibles Kind anderen gegenüber sehr mitfühlend, tröstend und freundlich ist? Eine Stärke, die HSK im Besonderen haben. Durch ihre hohe Empathie sind sie für andere da, gehen mit sich selbst aber leider oft sehr grob um. Aus diesem Grund plädiert Neff: Sowohl Kinder als auch Erwachsene sollten lernen, sich selbst ein guter Freund zu werden. Sich selbst die Worte zu sagen, den Trost zu spenden, den sie auch anderen geben würden. Statt: *„Ich habe eine 5 in Mathe! Wie blöd kann man eigentlich sein. Ich bin echt ein völliger Versager"*, könnte sich das Kind folgende Worte selbst zusprechen: *„Ich habe eine 5 in Mathe. So ein Ausrutscher kann passieren. Beim nächsten Mal gelingt es mir sicher wieder besser."* Welche Strategie halten Sie für motivierender? Damit Ihr Kind diese Herangehensweise lernt, braucht es Sie als Vorbild. Machen Sie es dem Kind vor, egal, welchen Fehler es gemacht hat. Je größer der innere Schmerz, umso wichtiger die Notwendigkeit der Selbstfreundlichkeit. Wenn Kinder diese Strategie längerfristig erlernt haben, dann schaffen sie es auch aus der Kampf-oder-Flucht-Falle herauszutreten. In Studien konnte bereits nachgewiesen werden, dass diese Art Selbstfürsorge (aber auch Fürsorge durch eine Bezugsperson) Oxytocin freisetzt, ein Glückshormon, das für ein Gefühl der Sicherheit sorgt und Angst verringert. Im Gegensatz dazu kann die Ausschüttung von Stresshormonen Selbstfürsorge reduzieren. Achten Sie zukünftig darauf, welche Art Selbstgespräche Ihr Kind führt, und halten Sie es, wann immer es geht, davon ab, selbstverurteilende Worte zu benutzen. Wenn es Ihr Kind nicht von alleine schafft, übernehmen Sie diesen Teil, bis es selbst so weit ist.

Verbundenheit mit anderen

Mit diesem zweiten Element des Selbstmitgefühls wird das Bedürfnis nach Zugehörigkeit und Akzeptanz erfüllt. Es geht um das Wissen *„anderen geht es genauso wie mir"*. Auch hier braucht das Kind zunächst einen Spiegel von Ihnen. Wann immer es geht, signalisieren Sie ihm, dass sein Fehler auch anderen geschieht. *„Dir ist ein Glas zu Bruch gegangen? Das ist mir auch schon passiert"*, *„Du hast eine 5 geschrieben? Da bist du bestimmt nicht alleine"*. Das Kind erhält damit das Signal, dass es zwar nicht seinem eigenen Perfektionsstreben standhalten konnte, aber etwas erlebt, was jeder andere auch erlebt. Das schafft ein Gefühl der Verbundenheit und beugt Isolation vor. Geben Sie ruhig auch selbst immer ehrlich zu, wenn Ihnen etwas nicht gelingt, und seien Sie dabei freundlich mit sich selbst.

Achtsamkeit

Achtsamkeit bedeutet, aufmerksam zu sein, ohne zu urteilen. Sie schließt das bewusste Beobachten mit einer wohlwollenden und unvoreingenommenen Haltung ein.

Warum ist dies insbesondere für hochsensible Kinder von großer Bedeutung? Wie bereits unter 1.3.6 erläutert, ist das Nervensystem der HSK hochaktiv. Impulse werden über Sinneskanäle in Sekundenschnelle weitervermittelt und mit Emotionen und Bewertungen verknüpft. Da Hochsensible eine Situation meist als riskant einstufen und vorsichtig an einen Sachverhalt herangehen, kommt es nicht selten zu starken Emotionen, die im Katastrophendenken, in Übertreibungen oder im Alles-oder-nichts-Denken enden können. Gedanken, die den Kampf-oder-Flucht-Mechanismus auslösen, aber nicht zu einer angemessenen Lösungsfindung führen. Umso wichtiger ist es, die Kinder in emotional aufreibenden Situationen zur Ruhe zu führen. Dies geschieht, indem wir ihnen beibringen, zur Ruhe zu kommen und erst dann zu entscheiden, welche weiteren Schritte notwendig sind. Das beugt Aktionismus vor und hilft dem Kind, sich nicht in seinen Emotionen und Bewertungen zu verstricken.

Im Beispiel mit der unangenehmen Schulnote könnten dies folgende Schritte sein:

„Du hast eine 5 geschrieben? Setz dich mal zu mir. Das hat dich bestimmt getroffen. So ein Ausrutscher kann passieren, Du bist bestimmt nicht der Einzige. Ist dir zum Weinen?

Oder macht es dich wütend? Würdest du am liebsten den Kopf hängen lassen? Es ist o.k. Was brauchst du jetzt? Magst du erst mal deine Ruhe? Oder eine Runde aufs Trampolin?" Und nach einer Pause: „Was können wir denn machen, damit es dir beim nächsten Mal anders ergeht? Brauchst du eine Nachhilfe, soll ich dir helfen, oder möchtest du einfach alleine mehr lernen?"

Damit erreichen Sie, dass Ihr Kind das gute Gefühl erhält, etwas gegen den Zustand tun zu können und nicht in der Situation verharren zu müssen. Wichtig ist: Üben Sie mit Ihrem Kind, abwertende Gedanken abzuwehren. Formulieren Sie gemeinsam mit ihm negative Gedanken in positive um. Und denken Sie daran:

„Nur wenn wir selbst als Erwachsene die Liebe leben, sind wir geeignete Vorbilder und Wegweiser für unsere Kinder. Aus dem, was wir sind, lernen unsere Kinder viel mehr als aus unseren Worten, und deshalb müssen wir das sein, was unsere Kinder werden sollen." Joseph Chilton Pearce

2.4 Vom Ziel her gedacht – Kriterien für eine gesunde Entwicklung

In der Erziehung heißt es, kontinuierlich kurzfristige und längerfristige Entscheidungen zu treffen, abzuwägen, welche Wertmaßstäbe gelten sollen und in welche Richtung die Entwicklung des Kindes fortschreiten soll. In Gesprächskreisen für Eltern hochsensibler Kinder stelle ich immer wieder fest, wie unterschiedlich Dinge gehandhabt werden. *„Dein Kind holt seine Pommes im Schwimmbad* *nicht alleine? Diesen Lernprozess finde ich wichtig, da lege ich Wert darauf." – „Also mein Kind muss nicht auf einen Kindergeburtstag, wenn es da nicht hinmöchte." – „Mein Kind muss auf jeden Fall in die Schule gehen, auch wenn es ihm nicht gut geht. Es sollte nicht lernen, sich zu drücken." – „Meine Tochter darf so lange in unserem Bett schlafen, bis sie so weit ist, in ihrem eigenen zu schlafen."*

Dabei wird deutlich, wie sehr die Erziehungsentscheidungen sowohl von den eigenen Wertmaßstäben als auch von den eigenen Kräften und Umsetzungsmöglichkeiten abhängen. Ein Richtig oder Falsch gibt es meines Erachtens nicht, allerhöchstens ein vorteilhaftes oder ein ungünstiges Vorgehen.

Doch was, wenn ich mir nicht sicher bin, welche Richtung ich in der Erziehung einschlagen will? Meines Erachtens lohnt es sich, in diesem Fall vom Ziel her zu denken. Wo soll die Reise hingehen? Was will ich am Ende erreichen? Wo sehe ich mein Kind in ein paar Jahren? Und wie kann ich diese Ziele erreichen?

Hilfreich kann es sein, die Ziele der Weltgesundheitsorganisation (WHO) genauer unter die Lupe zu nehmen. Sie können als grundlegend für eine gesunde Entwicklung gesehen und als Maßstab für alltägliche Entscheidungen genommen werden. Die Definition psychischer Gesundheit nach der WHO lautet:

Geistige Gesundheit setzt beim Individuum die Gewohnheit voraus, harmonische Beziehungen mit anderen zu knüpfen und teilzunehmen an […] den Veränderungen des sozialen oder physischen Milieus. Sie schließt in gleicher Weise auch die harmonische und ausgeglichene Lösung der Konflikte in der Auseinandersetzung zwischen den verschiedenen eigenen Triebtendenzen mit ein. Sie erwartet außerdem vom Individuum, den Charakter in der Art zu entwickeln, dass sich seine Persönlichkeit entfaltet, indem es sich seinen Trieben öffnet, die Konflikte auslösen können, und ihnen ein harmonisches Ausdrucksfeld in der vollständigen Realisierung seiner Möglichkeiten schafft.[23]

Diese Definition weist auf vier wesentliche Themenbereiche hin, welche im Zusammenhang mit psychischer Gesundheit stehen: Beziehungsfähigkeit, Veränderungsfähigkeit, Konfliktfähigkeit sowie Persönlichkeitsentfaltung.

Beziehungsfähigkeit

Der Mensch ist ein Beziehungswesen. Von Geburt an ist er auf Beziehungen zu anderen Menschen angewiesen und kann ohne zwischenmenschliche Kontakte nicht leben. Gelingende und befriedigende Beziehungen sind wichtig für das psychische Wohlbefinden eines Menschen.

Veränderungsfähigkeit

Das Leben eines Menschen ist gekennzeichnet von unterschiedlichen Phasen und sich stetig verändernden Situationen. Jeder ist letztlich im Laufe des Lebens Veränderungen ausgesetzt. Diese Veränderungsprozesse sind ein Zeichen von Leben, von Wachstum und Reife. Starrheit dagegen ist ein Kennzeichen mangelnder Vitalität. Jede Veränderung bedeutet aber ein Risiko, da gesicherte Positionen aufgegeben werden müssen, um Neues zu erhalten.

Konfliktfähigkeit

Konflikte gehören zur menschlichen Existenz und lassen sich weder verhindern noch ignorieren. Sie ergeben sich durch das Hin-und-her-gerissen-Sein zwischen unterschiedlichen, sich widersprechenden Motiven und der Angst vor den Konsequenzen, die sich aus einer Entscheidung ergeben könnten. Diese innere Zerrissenheit führt oftmals zu Unentschlossenheit und Verdrängung.

Persönlichkeitsentfaltung

Wie bereits erwähnt, ist menschliches Leben gekennzeichnet durch unterschiedliche Lebensphasen, fortwährende Veränderungen und ständige Weiterentwicklung. Ziel eines jeden Menschen sollte es sein, sich in den aufeinanderfolgenden Lebensabschnitten zurechtzufinden und sich für die jeweiligen Phasen adäquate Methoden zur Bewältigung anstehender Aufgaben anzueignen. Diese Entwicklung bewirkt eine Reifung der Persönlichkeit und leistet somit einen entscheidenden Beitrag zu psychischem Wohlbefinden.

Obwohl es wünschenswert wäre, Veränderungen als Herausforderung zu betrachten, weisen viele Menschen eine Tendenz zu regressivem Verhalten und zu einer Fixierung des Status quo auf.

2.5 Die Ziele gemeinsam meistern

2.5.1 Soziale Fertigkeiten trainieren

Hochsensible Kinder entwickeln eine gesunde Selbstachtung, wenn sie die Erfahrung machen, dass sie Freunde gewinnen und Respekt erlangen können.

Meines Erachtens haben HSK viele wertvolle Eigenschaften, die für tragbare Freundschaften wichtig und förderlich sind: Sie haben häufig eine hohe Sozialkompetenz, die ihnen oft selbst nicht bewusst ist. Sie sind treu, zuverlässig, mit hoher Empathie ausgestattet, nehmen die Bedürfnisse ihres Gegenübers ernst, drängen sich nicht in den Vordergrund, hören gut zu und sind kreativ. Wer möchte nicht gerne Freund eines solchen Kindes sein?

Gleichzeitig gibt es einige sogenannte „Stolperfallen", die wie eine Hürde zwischen ihnen und anderen Kindern stehen können. Dazu gehört die Introversion mit dem ausgeprägten Wunsch nach Ruhe und Rückzug, die Neigung, große Gruppen zu meiden, um einer Reizüberflutung zu entkommen, der eigene hohe Anspruch (an Loyalität etc.), den andere Kinder in dem Maße oft nicht halten können, wodurch Frustration vorprogrammiert ist, sowie die zurückhaltende, leise Art, die dafür sorgt, dass HSK oft nicht registriert werden und in sozialen Gefügen untergehen.

Was Sie als Eltern tun können

■ Die Introversion
Eine Grundeigenschaft introvertierter Menschen ist es, dass

sie Kraft schöpfen aus dem Alleinsein und dem Eintauchen in das eigene tiefe Innenleben, Außenkontakte erachten sie als nicht dringend erforderlich. Introvertiert hochsensible Kinder sind häufig mit sich in ihrem Alleinsein zufrieden. Nichtsdestotrotz ist das Knüpfen von Freundschaften für die psychische Entwicklung und das Aneignen sozialer Fertigkeiten sehr wichtig. Merken Eltern sehr früh, dass Ihr Kind von sich aus keine Kontakte knüpft, macht es Sinn, diese vom frühen Kindesalter an zu fördern. Wichtig ist, dabei das Prinzip des Drei-Zonen-Modells (s. 1.3.4) zu beachten. Überfordern Sie Ihr Kind nicht, indem Sie gleich fünf Kinder zu sich nach Hause einladen, dies würde Panik auslösen und Wachstum blockieren. Insbesondere am Anfang ist es wichtig, den Bedürfnissen des Kindes entgegenzukommen, indem die Kontakte z. B. zeitlich limitiert sind, die Treffen in einem ruhigen Umfeld (oder auch in der Komfortzone zu Hause) stattfinden und indem die Spielpartner sorgfältig ausgesucht werden. Erlauben Sie Ihrem Kind auch, sich kurz aus der Spielsituation zu entfernen, wenn es ihm zu viel wird. So lernt es mit der Zeit selbst, was ihm guttut.

■ Die Neigung, große Gruppen zu vermeiden
Hochsensible Kinder begeben sich ungern in Gruppensituationen und können so wenig positive Erfahrungen sammeln, die für den Erwerb von sozialen Fertigkeiten, Selbstachtung und Selbstbehauptung notwendig sind. Hier macht es Sinn, gemeinsam mit dem Kind nach einem Hobby zu suchen, das seine Stärken betont. Das kann das Musizieren in einer Musikgruppe sein, der Besuch einer Pfadfindergruppe oder des Sportvereins. Beim Sport sollte beachtet werden, dem widerstrebenden Bedürfnis nach Wettkämp-

fen Rechnung zu tragen. So kann es sein, dass hochsensible Kinder zwar zum Schwimmen animiert werden können, Schwimmwettkämpfe aber unnötigen und kontraproduktiven Druck aufbauen würden (aufgrund des Perfektionismusstrebens und der Angst vor Blamagen).

■ Die Anspruchshaltung des Kindes
Wie bereits erwähnt, haben hochsensible Kinder einen sehr hohen Anspruch an sich. Wenn ein anderes Kind leidet, ist klar, dass ein HSK Unterstützung gibt, auch wenn ihm dadurch selbst Nachteile entstehen. Nachvollziehbar, dass der Wunsch nach Gegenseitigkeit vorhanden ist. Leider sind viele andere Kinder – insbesondere nicht hochsensible – nicht so umsichtig. Ihr Verhaltenssystem ist anders geprägt, unter anderem sind sie spontaner in ihren Entscheidungen und unter Umständen auch mehr auf sich bedacht. Dies sorgt bei HSK für Enttäuschungen, was wiederum zu Rückzugsverhalten führen kann. Erklären Sie Ihrem Kind immer wieder, dass es unterschiedliche Typen und Temperamente gibt, dass andere Kinder nicht unbedingt böswillig agieren und ihr Verhalten auch nicht persönlich zu nehmen ist. Ermutigen Sie Ihr Kind immer wieder, an Kontakten dranzubleiben und nicht aufzugeben. Suchen Sie, sofern Ihr Kind das nicht von alleine macht, nach Spielkameraden, die dem Naturell Ihres Kindes entsprechen, und forcieren Sie diese Kontakte.

■ Die Art des Auftretens
Es kann durchaus hilfreich sein, das Auftreten des Kindes im geschützten Rahmen zu üben. Hochsensible Kinder tun sich oft schon darin schwer, Blickkontakt aufzunehmen, zu grüßen, die Hand bei der Begrüßung zu geben,

klar und deutlich zu sprechen. Elementare Eigenschaften, die zur Kontaktaufnahme notwendig sind. Denn: Auf das Gegenüber kann es sehr irritierend wirken, wenn auf die Kontaktaufnahme keine Rückmeldung kommt. Eltern berichten mir des Öfteren, dass gleichaltrige Kinder irritiert sind und sich unter Umständen abgelehnt fühlen, wenn sie auf das hochsensible Kind zugehen und kein Feedback bekommen. Schlimmstenfalls wird es als Desinteresse, Ignoranz oder Hochnäsigkeit fehlinterpretiert. Von daher ist es dringend erforderlich, dass Sie diese Fertigkeiten zu Hause trainieren. Je spielerischer, umso besser, weil dies kein Druck auf Ihr Kind ausübt.

Ebenfalls spielerisch kann die Artikulation geübt werden. Viele hochsensible Kinder sprechen aus Vorsicht und Unsicherheit viel zu leise. Das führt oft dazu, dass sie von anderen weniger beachtet oder überhört werden.

2.5.2 Veränderungsfähigkeit fördern

Hochsensible Kinder haben eine angeborene Neigung, die Lage zunächst genau zu sondieren, bevor sie aktiv werden und handeln. Jede neue Situation wird zunächst kritisch betrachtet. Bis ins Detail wird überprüft, ob eine Situation oder Neuerung riskant ist. Dabei können dem Kind folgende Fragen als Orientierungshilfe dienen:

- „Wie sicher bin ich, wenn ich mich jetzt auf das einlasse?"
- „Bin ich der Situation gewachsen?"
- „Kann die Situation einen guten Ausgang nehmen?"

Diese Fragen stellen sich hochsensible Kinder sowohl in

alltäglichen – für uns Erwachsene selbstverständlichen – Situationen wie dem eigenständigen Gang zum Bäcker, um die heiß geliebten Kuchen zu kaufen, als auch bei großen Veränderungen, die den Eintritt in eine neue Lebensphase bedeuten: z.b. dem Eintritt in Kindergarten und Schule oder dem Studienstart an der Uni.

Hilfreiche Vorgehensweise

■ Vorbereiten der Situation (Chancen, Risiken, Abläufe)

Neue Situationen sollten mit hochsensiblen Kindern durch Gespräche, Rollenspiele etc. vorbereitet werden. Überraschungen und Spontanaktionen lösen bei HSK Stress aus und belasten sie unnötig. Jedes Gespräch, jeder Hinweis und jede zusätzliche Information über das, was sie erwartet, bedeuten für Hochsensible mehr Sicherheit und damit weniger Grund zur Angst.

Steht für Ihr Schulkind z.B. das Schullandheim an? Dann erkundigen Sie sich bereits im Vorfeld gemeinsam, welche Zimmergrößen das Heim hat, mit wem Ihr Kind ins Zimmer könnte, um sich wohlzufühlen, wie die Mensa ausgestattet ist und welche Rückzugsorte es geben könnte. Wird Ihr Kind an einem Schwimmkurs teilnehmen? Besuchen Sie das Schwimmbad vorab, erläutern Sie ihm die Anlage, den Ablauf des Trainings etc. Oder wollen Sie an einen unbekannten Ort in den Urlaub, und Ihr Kind sträubt sich dagegen? Schauen Sie sich im Internet Bilder zur Ferienanlage an, erzählen Sie von den Möglichkeiten, die Ihr Kind dort hat, und wie es seinen Interessen nachgehen kann. Klären Sie also grundsätzlich möglichst viele der offenen Fragen Ihres HSK, und minimieren Sie damit vorhandene

Unsicherheiten oder Ängste. Je mehr Zeit Sie im Vorfeld hierfür investieren, umso gelassener kann das Kind auf die unbekannte Situation zugehen.

■ Lassen Sie bei großen Veränderungen so viel wie möglich beim Alten

Wenn hochsensible Kinder mit Neuem konfrontiert werden, macht es Sinn, das sonstige Umfeld so weit wie möglich beim Alten zu belassen. Sollten Sie z.b. umziehen, so richten Sie das Zimmer Ihres Kindes wieder genau gleich ein, damit ihm hier eine kleine Komfortzone zur Verfügung steht. Wenn Sie an einen unbekannten Ort in Urlaub gehen, behalten Sie gewisse Rituale (z.B. Abendrituale) bei. Achten Sie darauf, dass besonders in Zeiten des Neubeginns gleichbleibende Elemente zu finden sind.

■ Entwickeln Sie ein einladendes „Wenn-dann"-Gespräch

Nehmen Sie Fragen, Sorgen und Gefühle des Kindes ernst. Bieten Sie dem Kind alternative Lösungsideen an, wenn es durch Sorgen in seiner Handlung blockiert ist. *„Wenn dich dein Cousin bei der Familienfeier ärgert, dann setz dich zu deiner Lieblingstante." – „Wenn alle Stricke reißen und du es nicht mehr aushältst, hole ich dich vom Zeltlager ab." – „Wenn dir das Essen in der Jugendherberge nicht schmeckt, dann gibt es an der nächsten Straßenecke einen McDonald's."*

An dieser Stelle noch ein Hinweis: Es gibt einige HSK (ca. 30 %), die wagemutig und extrovertiert sind. Ihre Hochsensibilität bezieht sich vor allem auf Empfindlichkeiten in puncto Nahrung, Kleidung, Lärm oder auf der emotionalen

Ebene. Dieser hochsensible Typus ist oft abenteuerlustig und experimentierfreudig.

2.5.3 Konfliktfähigkeit trainieren

Hochsensible Kinder haben ein ausgeprägtes Harmoniebedürfnis. Sie sind sehr stark darauf bedacht, es ihren Mitmenschen recht zu machen, Trost zu spenden, zu helfen und sich für andere einzusetzen. Dabei stellen sie ihre eigenen Bedürfnisse in den Hintergrund. Streit, Konflikte und Ungerechtigkeiten sorgen bei diesen Kindern für Irritationen. Diese versuchen sie zu vermeiden. Oft spüren HSK durch ihre gute Beobachtungsgabe sehr schnell, wenn ihr Umfeld enttäuscht ist, und fühlen sich verantwortlich für die Gefühle des anderen. Bereits ein Blick oder Tonfall kann sie in innere Alarmbereitschaft versetzen. Auch schlichte Neckereien nehmen HSK sehr ernst und reagieren oft ungewöhnlich emotional darauf – dies lässt sich insbesondere unter Geschwistern beobachten.

Warum ist das so? Hochsensible Kinder spüren durch ihre gute Beobachtungsgabe sehr schnell, wann sie ihr Umfeld durch ihre Entscheidung oder Handlung enttäuschen. Sie fühlen sich dann meist verantwortlich für die Gefühle des anderen. Bereits ein Blick oder Tonfall kann sie in innere Alarmbereitschaft versetzen. Gleichzeitig erleben sie eigene Gefühle wie Wut, Enttäuschung und innere Verletzungen viel intensiver. In der Summe führt dies häufig zu einem Vermeiden von Situationen, die konfliktträchtig sein könnten.

Konfliktlösungsmöglichkeiten

Für hochsensible Kinder ist es unbedingt notwendig zu lernen, auf sich und die eigenen Bedürfnisse zu achten. Sie sind viel zu sehr auf die Wünsche und Erwartungen ihres Umfeldes fixiert und passen sich dementsprechend an. Diese Überanpassung sorgt für ein Verdrängen der eigenen Anliegen. Umso wichtiger ist es, dass HSK lernen, Grenzen zu ziehen, Nein zu sagen und sich selbst zu behaupten. Hierfür bedarf es einiger wesentlicher Aspekte, die Beachtung finden sollten.

Selbstachtung

Obenan steht meines Erachtens die Selbstachtung. HSK müssen lernen, sich selbst für wichtig und ihre Anliegen ernst zu nehmen und diese auch zu vertreten. Nur dann gehen sie das Risiko eines Konflikts, einer Disharmonie oder eines Streits ein. Hat ein HSK wenig Selbstbewusstsein, wird es sich selbst mit all seinen Wünschen hintanstellen. Selbstachtung zu lernen bedeutet, Verantwortung für sich selbst zu übernehmen. *„Ich habe jetzt selbst Hunger, deswegen werde ich dir mein Pausenbrot nicht geben"*, *„Ich möchte nicht beim Abschreiben erwischt werden und eine schlechte Note kassieren, bei mir kannst du nicht spicken"*, *„Ich möchte dir das Spiel nicht ausleihen, weil ich es zurzeit selbst häufig benutze."* So oder so ähnlich können Szenen aussehen, in denen hochsensible Kinder ihre eigenen Bedürfnisse durchsetzen, weil sie gelernt haben, sich selbst wichtig zu nehmen. Eltern können die Selbstachtung fördern, indem dasjenige Verhalten positiv verstärkt wird, das Selbstachtung zeigt. Gleichzeitig kann das Kind immer wieder ermutigt werden, für sich einzustehen – wenn nötig auch mit Unterstützung des Erwachsenen. Ziel ist es, eine Ausgewogenheit zwischen Nächstenliebe und Selbstliebe zu erreichen, indem das Motto gilt *„Ich bin o.k. – du bist o.k."*, sprich meine

Bedürfnisse und deine Bedürfnisse sind gleich wichtig, und wir schauen, wie wir zu einer Lösung kommen.

Grenzen setzen lernen – Nein sagen können

Um Konflikte adäquat lösen zu können, ist es notwendig, Grenzen zu ziehen. Hierfür müssen hochsensible Kinder lernen, „Nein" zu sagen. Auch dies fällt HSK – wie vieles andere – meistens nur in ihrer Komfortzone leicht. Außerhalb des familiären Bereichs passen sie sich vielmehr an. Diese Anpassung hat Auswirkungen. Wer sich lange alles gefallen lässt, mitmacht, um dazuzugehören, zu Grenzüberschreitungen schweigt, bei dem staut sich nicht selten eine unerträgliche Spannung an; Stresshormone werden freigesetzt. Die Folgen können je nach Veranlagung unterschiedlich sein. Manche Kinder zeigen psychosomatische Beschwerden (Migräne, Bauchschmerzen, Allergien), andere wiederum explodieren (z.B. durch Wutausbrüche), implodieren (Rückzugsverhalten, Bitterkeit, Isolation) oder zeigen psychische Folgen (Depression, Ängste, Aggressionen).

Um diese Folgen zu umgehen, ist es unerlässlich, den Kindern beizubringen, zu ihren Anliegen zu stehen und Grenzen zu ziehen.

Disharmonie aushalten

Um Grenzen ziehen zu können, ist es notwendig, äußere und innere Spannungen auszuhalten. Dies schaffen HSK nur, wenn sie genügend Selbstachtung und Eigenverantwortung entwickelt haben. Vermitteln Sie Ihrem Kind, dass Menschen, die sich selbst ernst nehmen, zwar kurzfristig anecken, längerfristig aber an Ansehen gewinnen.

Kommunikationsfähigkeit einüben

Je geschickter HSK sich durch Sprache, Körper und Mimik ausdrücken können, desto leichter gelingt Abgrenzung. Trainieren Sie mit Ihrem Kind spielerisch, wie Körperhaltung, Blickkontakt und Stimme gewählt werden können, um ernst genommen zu werden. HSK stehen sonst in der Gefahr, während der Äußerung einer Bitte wegzuschauen oder zu leise zu sprechen und damit nicht ausreichend beachtet zu werden.

Abgrenzungsmöglichkeiten trainieren

Eine Abgrenzung lässt sich trainieren, indem Sie folgende Arten der Grenzziehung in den Alltag spielerisch einfließen lassen:

Mentale Abgrenzung

– Sind das überhaupt meine Gefühle? Sind das überhaupt meine Gedanken?
– Möchte ich überhaupt so handeln oder es ganz anders machen?
– Ist das überhaupt meine körperliche Empfindung?

Kommunikative Abgrenzung

– prägnante Aussagen treffen: „Ich möchte", „Ich mache das nicht"
– Konjunktiv vermeiden (wirkt nicht überzeugt, eher verunsichert)
– zu Aussagen stehen, auch wenn der andere mich enttäuscht anschaut
– Mut zum klaren Nein – keine weitschweifigen Erklärungen

Praktische Abgrenzung
Wo es nötig ist, kann es auch angebracht sein, sich aus
einer Situation zurückzuziehen, um sich von einer Sache
abzugrenzen.

2.5.4 Das Selbstvertrauen stärken

Hochsensible Kinder haben einen ausgeprägten Wunsch,
den Anforderungen und Erwartungen ihres Umfeldes zu
entsprechen, vielfach zeigt sich ein hoher Perfektionismus.
Durch gewissenhaftes, stark reflektierendes Handeln versuchen sie Fehler zu vermeiden. Die eigene Anspruchshaltung ist auf sehr hohem Niveau angesiedelt, wodurch der
Frustration Tür und Tor geöffnet ist. Passieren diesen Kindern Fehler, gehen sie mit sich selbst oft hart ins Gericht
und sorgen damit für eine Art Selbstbestrafung. Leider wird
auf diese Weise das Selbstwertgefühl in Mitleidenschaft ge-
zogen. Dies hat nachvollziehbare Auswirkungen auf Selbstachtung und Selbstvertrauen.

Für Eltern und Bezugspersonen ist es aus diesem Grund unerlässlich, Erfolgserlebnisse zu schaffen. Sie fragen sich, wie
dies gehen soll?

- Haben Sie realistische Erwartungen!
  Ein feinfühliges Kind spürt sehr schnell, welche Erwartungen – ob ausgesprochen oder nicht – Bezugspersonen haben. Sind diese zu hoch gesteckt, kann das Kind
  darunter leiden, denn es spürt die Enttäuschung des Gegenübers unmittelbar. Vielleicht müssen Sie Ihre Erwartungen zurückschrauben, damit Ihr Kind Erfolge haben
  kann. Ein HSK, das z.B. noch nie außerhalb des häus-

lichen Umfelds geschlafen hat, wird sich nur schwer überwinden, während eines verlängerten Wochenendes bei der Tante zu übernachten. Kleinschrittige Ziele erhöhen die Chance auf Erfolg.

- Begeben Sie sich auf „Schatzsuche"!
  Jedes Kind hat Stärken – auch Ihr hochsensibles Kind. Entdecken Sie seine Fähigkeiten, und spiegeln Sie sie ihm kontinuierlich, sodass es früh erkennt, was es gut kann.

- Übertragen Sie Ihrem Kind immer wieder kleine verantwortungsvolle Aufgaben!
  Wenn es merkt, dass Sie ihm etwas zutrauen, wird es dies als Erfolgserlebnis verbuchen und daran wachsen. Je nach Alter des Kindes kann dies bedeuten, dass es z. B. für das Gießen der Pflanzen zuständig ist. So kann es beobachten, wie diese unter seiner Obhut gedeihen. Älteren Kindern kann man das Rasenmähen oder Ähnliches übertragen.

- Helfen Sie Ihrem Kind, Freundschaften aufzubauen!
  Wie bereits unter 2.5.1 dargestellt, sind Freundschaften unerlässlich.

Gleichzeitig sollten vergangene Erfolge immer wieder in Erinnerung gerufen werden, da hochsensible Kinder bei einer Niederlage alle positiven Erfahrungen aus dem Blick verlieren. Gelingt Ihrem Kind eine Aufgabe, geben Sie am besten unverzüglich positives Feedback. Auf Englisch hat sich dafür der Ausdruck „Catch them being good" eingebürgert. Machen Sie sich auf die Suche nach Erfolgen Ihres Kindes, „ertappen" Sie es, wenn es eine Sache gut macht, und spiegeln Sie dies dem Kind so zeitnah wie möglich. Hilfreich kann zusätzlich eine Visualisierung sein, eine bildliche Darstellung der Erfolge. Legen Sie z.b. eine Schatzkiste an, in der Sie bereits die kleinsten Errungenschaften notieren (z.b. Blickkontakt gehalten beim Begrüßen der Nachbarin).

Nicht selten erzählen mir Eltern, dass Ihr Kind auf Lob kaum reagiert, es unter Umständen sogar negiert oder abmildert. Machen Sie sich diesbezüglich keine Gedanken. Dies kann damit zusammenhängen, dass Lob auf manche HSK beschämend wirkt. Die Selbstkritik ist ihnen vertrauter. Dennoch werden sie das Lob innerlich aufnehmen.

2.6 Zusammenfassung

Hochsensible Kinder fühlen sich meist in ihrer Komfortzone sehr wohl. Ein Ort, an dem sie sicher sind, an dem sie sich auskennen, ein Umgang mit Personen, die ihnen bekannt und wohlgesonnen sind, ein möglichst gleichbleibendes, mit wenigen Veränderungen bedachtes System. Für die Entwicklung allerdings ist es notwendig, diese Komfortzone immer wieder zu verlassen, Neues zu wagen, Risiken einzugehen. Herausforderungen, die sich ein hochsensibles Kind unter Umständen nicht von alleine sucht. Hier braucht es die Begleitung, Unterstützung und Förderung der Eltern.

3 Tipps für Eltern

An dieser Stelle erhalten Sie zunächst einen Überblick über Themen, Sorgen und Nöte, die Eltern hochsensibler Kinder bei einer Umfrage angaben. Kennen Sie den einen oder anderen Punkt aus Ihrer häuslichen Situation?

Alltägliche Sorgen von Eltern hochsensibler Kinder[2]

Neue Situationen
- Neue Dinge ausprobieren ist problematisch
- Sicheinlassen auf unbekannte und unvorhergesehene Ereignissen fällt sehr schwer

Intensität der Emotionen
- Kleinigkeiten sorgen teils für heftige Gefühlsausbrüche
- stark ausgeprägte Gefühlslagen
- reagiert sehr empfindlich auf Kritik
- häufiges, beleidigtes Zurückziehen
- sehr niedrige Frustrationstoleranz
- geringe Belastbarkeit
- starke Stimmungsschwankungen

2 Ergebnisse einer praxisinternen Umfrage

Schule
- rasche Ermüdung während des Schulalltags
- benötigt nach der Schule eine längere Ruhephase, dies verkürzt die Spielzeit
- erschwerte Lehrer-Schüler-Beziehung
- Außenseiter, weil das Kind nicht jeden Unsinn mitmacht
- sitzt äußerst lange an den Hausaufgaben
- wirkt unter Zeitdruck blockiert
- wirkt bei Druck vonseiten des Lehrers bzw. der Schule blockiert
- Schulschwierigkeiten
- langsames Arbeitstempo sorgt für Diskussionen bei Hausaufgaben
- Einfinden in die Klassengemeinschaft dauerte lange

Schlaf
- Einschlafschwierigkeiten

Soziale Aspekte
- mag keine Besucher und geht auch nicht gerne auf Besuch
- hält Verlieren/Gewinnen bei Gesellschaftsspielen nicht aus, verweigert diese Spiele
- geht in großen Gruppen unter
- Orte mit vielen Menschen (Schule, Vereine) sorgen für Stressmomente
- taucht in seine eigene Welt ab
- mangelnde Freundschaften

Selbstbewusstsein
- hohe Unzufriedenheit mit sich selbst
- sehr ernsthaft

Stress
- psychosomatische Beschwerden in stressigen Phasen
- krankheitsanfällig

3.1 Strategien für den Alltag

3.1.1 Den Alltag anpassen

Wir leben in einer schnelllebigen, lauten und herausfordernden Zeit. Nicht zuletzt die mediale Welt sorgt für eine Flut an Informationen, die selbst für Personen mit hoch eingestelltem Wahrnehmungsfilter eine Herausforderung darstellt. Wie viel mehr haben hochsensible Kinder Mühe, mit all den täglichen Reizen umzugehen. Dabei gibt es gesellschaftliche Pflichten, denen sich diese Kinder nicht entziehen können. Eine Reizüberflutung in Kindergarten und Schule kann nur schwer verhindert werden. Umso wichtiger ist es, hochsensiblen Kindern zu Hause Zeit und Ruhe zu ermöglichen. Passen Sie als Eltern den Alltag an das Temperament Ihres Kindes an. Begrenzen Sie Freizeitaktivitäten, planen Sie an den Nachmittagen wenige, feste Termine ein, minimieren Sie den Medienkonsum Ihres Kindes, und bieten Sie zum Stress des Alltags immer wieder

einen Gegenpol, indem Sie für „Entspannungstage" sorgen
(z. B. einen Tag ohne Lernen), an denen Bewegung, Natur,
Sport, Musik eine große Rolle spielen, um aufzutanken und
Kraft zu schöpfen.

3.1.2 Rituale und Regeln bieten Sicherheit

Für hochsensible Kinder sind gleichbleibende Strukturen
und Rituale besonders wichtig. Sie sind vorhersehbar, geben Sicherheit und Orientierung. Entwickeln Sie Ihre ganz
eigenen, regelmäßigen Zeiten für das Lernen, Pausen, für
Schlafen und Essen etc., und bieten Sie ihrem Kind dadurch Struktur und Stabilität. Dies hilft ihm, in einer Art
inneren Komfortzone zur Ruhe zu kommen, Stress zu
minimieren und damit auch den Alltag zu bewältigen.
Spontane Aktionen sollten wohldosiert sein. Sie können
ein hochsensibles Kind in Stress versetzen. Sollte Ihr Kind
Aktionen verweigern und auf Opposition gehen, kann die
Ursache eine fehlende innere Vorbereitung auf die Aktivität sein.

3.1.3 Ich sehe was, was du (noch) nicht siehst –
oder die Kunst, hinter dem Verhalten des
Kindes das eigentliche Bedürfnis zu sehen

Ein wesentlicher Schlüssel für die Erziehung hochsensibler Kinder ist es, ihr Verhalten richtig einzuschätzen. Nicht
selten stehen hinter auffälligen Reaktionen nicht gestillte
Grundbedürfnisse oder ungelöste innere Konflikte. Hochsensible Kinder sind mit ihren starken Gefühlen oft so
überfordert, dass sie es nicht schaffen, sich adäquat zu arti-

kulieren, und stattdessen Störverhalten zeigen. Dies heißt
für Sie als Eltern, kontinuierlich eine Art Übersetzungsarbeit zu leisten.

3.1.3.1 Wenn Traurigkeit auf Mitgefühl beruht – meins oder deins?

*Lena geht in die 3. Klasse und hat Freude an der Schule. In
Mathematik ist sie besonders gut und bekommt durch ihre guten Noten kontinuierlich die Rückmeldung, dass dieses Fach
zu ihren Stärken zählt. Ihre beste Freundin und Banknachbarin Anke hingegen hat große Probleme mit dem Rechnen.
Als Lena nach einer Probe die Note 2 und Anke die Note 5
nach Hause bringt, ist Lena den ganzen Nachmittag schlecht
gelaunt, wirkt traurig und unzufrieden, lässt sich auf nichts
Erfreuliches ein. Erst bei mehrmaligem Nachfragen wird klar,
dass Lena so stark mit ihren Freundin mitfühlt, dass sie ihren
eigenen Erfolg darüber vergisst.*

Da HSK sehr empathisch sind und in Resonanz mit anderen gehen, ist ihnen selbst oft nicht klar, wessen Emotionen sie gerade erleben und ausleben. Gewöhnen Sie sich
als Eltern an, durch Fragen immer wieder zu verdeutlichen,
dass eine Abgrenzung notwendig und gesund ist. *„Was
denkst du, wie fühlt sich deine Freundin Anke gerade? Kennst
du dieses Gefühl? Kann es sein, dass du gerade für sie mit-
fühlst? Was könntest du tun, um ihr dein Mitgefühl zu zeigen?
Bist du selbst enttäuscht, oder ist es Ankes Enttäuschung, die
du fühlst?"*

Ganz wichtig ist bei aller Empathie, dass hochsensible Kinder von Kindesbeinen an lernen, nicht in Passivität zu ver-

harren. Ein aktives Handeln schafft Befreiung und Erleichterung und kann die starken Gefühle minimieren.

3.1.3.2 Verweigerung heißt nicht Verweigerung, sondern oftmals Angst

*Leons Klasse steht kurz vor einer Klassenfahrt nach Berlin.
Alle Schüler sind hellauf begeistert, ein paar Tage nicht die
Schulbank drücken zu müssen. Nur Leons Freude darüber
hält sich schon von Planungsbeginn an in Grenzen. Zu Hause
wurde die Klassenfahrt kaum thematisiert, um keine größeren Diskussionen anzuheizen. Kurz vor Klassenfahrtsantritt
beginnt Leon über Magenschmerzen zu klagen. Als ihm klar
wird, dass er dennoch mitfahren soll, geht er in eine offensive
Verweigerungshaltung. Obwohl die Eltern mit Engelszungen
versuchen, ihren Sohn zur Teilnahme zu überreden, ist nichts
zu machen.*

Was ist das eigentliche Dilemma? Im Fall von Leon geht es
nicht um eine schlichte Verweigerung. Beginnt man damit,
sein Verhalten zu übersetzen und genauer zu analysieren,
lässt sich eine Vielzahl an Ängsten hinter dem Verweige-
rungsverhalten erkennen. *Wie schaffe ich es, über mehrere
Tage und Nächte mit Menschen zusammen zu sein, obwohl
ich lieber meine Ruhe haben will? Was, wenn ich mit den
Raufbolden der Klasse in ein Zimmer gesteckt werde? Was soll
ich dort nur essen, wo ich doch viele Nahrungsmittel nicht
mag? Was, wenn ich zu Spielen gezwungen werde, auf die ich
keine Lust habe?*

Hochsensible Kinder stellen sich vor neuen Situationen
viele Fragen und finden oft keine Lösung. Aus Angst, eine

Situation nicht zu bewältigen, gehen sie in die Verweigerungshaltung, auch wenn sie dafür Ärger bekommen. Solange Sie als Eltern nicht versuchen, die inneren Konflikte
Ihres Kindes zu ergründen, werden Sie nichts erreichen.
Klären Sie, welche Angst hinter der Verweigerung steht, um
gemeinsam mit dem Kind Lösungen finden zu können und
die Blockaden nach und nach abzubauen. Wenn Sie diesen
weniger autoritären Weg gehen, wird Ihr Kind lernen, seine
Angst zu überwinden.

3.1.3.3 Wenn das Maß voll ist ...

*Die 3-jährige Sarah ist ein ausgeglichenes, freundliches und
höfliches Mädchen. An einem heißen Sommertag planscht
sie im Schwimmbad mit ihrer Mutter und anderen Kindern.
Von einem Moment auf den nächsten kippt die Stimmung des
Mädchens. Es wird quengelig, schlägt auf die Mutter ein und
beschimpft diese. Die Mutter erkennt die Situation sofort, sieht
hinter dem Verhalten ihres Kindes die Überreizung. Anstatt
Sarah wegen ihres Verhaltens zurechtzuweisen, verlässt sie mit
dem Mädchen den Tumult und zieht sich an einen ruhigen
Ort zurück, um ihr Ruhe zu ermöglichen. Innerhalb kürzester
Zeit ist Sarah wieder in ihrem Gleichgewicht und zeigt ihre
gewohnte Höflichkeit.*

Hochsensiblen Kindern fällt es schwer, eine Überstimulation zu erkennen und adäquat zu äußern. Solange dies
nicht der Fall ist, heißt es auch in diesem Fall, Verhaltensweisen zu übersetzen, die für eine Überreizung sprechen.
Das Kind benötigt Ihre Rückmeldung, Ihr Spiegeln und
Ihre Lenkung, bis ihm eine aktive Selbststeuerung gelingt.
Meist sind es Quengeleien, psychosomatische Beschwer-

den, Weinerlichkeit, die für ein volles Maß an Reizen sprechen. Entschlüsselt man das Verhalten, so könnte es die
Notwendigkeit einer Ruhephase bedeuten. Damit das Kind
längerfristig selbst in der Lage ist, sein Energieniveau zu
deuten, benötigt es die Rückmeldung und Steuerung von
Ihnen. Auch hier kann es wie in anderen Bereichen hilfreich sein, eine Visualisierung vorzunehmen. Nutzen Sie
hierzu ganz praktisch einen Messbecher aus der Küche. Fül-
len Sie diesen immer weiter mit Wasser. Kurz bevor er voll
ist, schicken Sie Ihr Kind an einen ruhigen Ort, um sich zu
erholen. Selbstverständlich können Sie auch einen Messbecher malen und jeweils den erreichten Pegel einzeichnen.
So erfährt Ihr Kind anschaulich, wann „das Maß voll ist".

3.2 Alltagsrelevante Themen

Im Alltag mit hochsensiblen Kindern treten meist wiederkehrende Probleme und Situationen auf, die durch das Naturell der HSK und die in Kapitel 1 dargestellten Zusammenhänge entstehen. In diesem Kapitel erhalten Sie einen
Überblick über die Herausforderungen, die es zu bewerkstelligen gilt. Dabei konzentrieren sich die Inhalte immer
auf psychosoziale und pädagogische Unterstützungsmaß-
nahmen. Sicher betreffen nicht alle Themen jede Familie, dies hängt von der Individualität des Kindes ab. Sollte
der Leidensdruck bei Ihrem Kind so hoch sein, dass seine
Lebensqualität und auch die der Familie erheblich einge-
schränkt ist, rate ich zu therapeutischen Interventionen.

Hochsensible Kinder zeigen meist dann Schwierigkeiten,
wenn ihr inneres Gleichgewicht gefährdet ist. Das kann der

Fall sein, wenn Stress und Hektik sie übermannt, sie überfordert sind mit neuen Situationen oder wenn schwierige Lebensumstände verhindern, dass Potenziale zum Tragen kommen. Grundsätzlich kann davon ausgegangen werden, dass HSK bei jeder neuen Situation (der Eintritt in den Kindergarten, die Einschulung, der Start ins Berufsleben etc.) zunächst vorsichtig, beobachtend und ängstlich reagieren. Dies liegt in ihrem Naturell, kann aber durch Unterstützung bewältigt werden.

Risiken gehen HSK grundsätzlich ungern ein. Sie sind darauf bedacht, wenig aufzufallen, alles allen recht zu machen und Konflikte weitgehend zu vermeiden. Die Ursache liegt darin, dass HSK durch ihre hohe Beobachtungsgabe sehr schnell merken, wann sie andere enttäuschen, verletzen oder vor den Kopf stoßen. Um dies zu vermeiden, zeigen hochsensible Kinder eine hohe Anpassungsfähigkeit, können sich im Gegenzug dazu aber schlecht abgrenzen, Nein sagen und sich wehren. Um Konflikte zu vermeiden, werden eigene Bedürfnisse in den Hintergrund gestellt.

3.2.1 Ängste

Wie bereits erörtert wurde, sind hochsensible Kinder von Grund auf mit einem ausgeprägten Hemmsystem ausgestattet. Das macht sie in vielen Situationen ängstlicher und vorsichtiger als andere Kinder. Bereits im Säuglingsalter reagieren sie stärker auf fremde Personen, plötzliche Veränderungen und Geräusche.

Angst tritt meist dann auf, wenn eine Situation als Bedrohung empfunden wird. Diese kann sich aus einer gedanklichen Vorstellung heraus entwickeln. Das Gefühl der Angst stellt sich meist dann ein, wenn eine Situation der Kontrolle zu entgleiten droht. Anspannung, Besorgtheit, Nervosität und innere Unruhe können die Folge sein. Zur gesunden Entwicklung eines jeden Kindes gehört es, Ängste erfolgreich zu bewältigen. Dabei brauchen HSK immer wieder die Unterstützung der Erwachsenen.

Der 10-jährige Patrick ist von seinem Klassenkameraden zum Geburtstag eingeladen worden. Geplant ist ein Besuch im Kletterwald. Da Patrick ein sehr introvertierter Junge ist, der von sich aus wenig Außenkontakte sucht, freuen sich die Eltern besonders über die Einladung. Allerdings weigert sich ihr Sohn, der Einladung zu folgen. Dies führt in der Familie zu einer größeren Diskussion. Nach und nach stellt sich im Gespräch heraus, dass Patrick Panik vor dem Kletterwald hat, den er bisher noch nie besuchte. Als der Grund für die Weigerung offensichtlich wird, erklärt sich der Vater bereit, mit seinem Sohn bereits im Vorfeld den Kletterwald zu besuchen, ihm die Abläufe dort zu erläutern und mit ihm erste Erfahrungen zu sammeln. Die Weigerung, auf den Geburtstag zu gehen, ist ab dem Zeitpunkt kein Thema mehr.

Dieses Beispiel zeigt deutlich, wie mit Ängsten und Verweigerung umgegangen werden kann. Geben Sie dem Kind so viel Sicherheit wie möglich, damit es die Hürde über seine Angst nehmen kann.

3.2.1.1 Hintergründe

„Nicht die Dinge selbst beunruhigen uns, sondern die Meinung, die wir über die Dinge haben." Epiklet

Angst hat nicht immer mit einer realistischen Einschätzung
einer Situation zu tun. Vielmehr geht dem Gefühl eine Bewertung voraus. Das heißt, zwischen auslösender Situation
und resultierendem Verhalten findet stets eine Bewertung
statt. Da hochsensible Kinder viel durchdenken, kann es
schnell zu Bewertungen kommen, die aus dem Blickwinkel
eines Erwachsenen unverständlich und bisweilen unnötig
sind. Und genau hier liegt der Ansatzpunkt, an dem Sie
als Bezugsperson intervenieren können. Tauschen Sie sich
regelmäßig mit Ihrem Kind aus, damit Sie seine Gedankenwelt verstehen und Zugang haben zu seinen jeweiligen
Bewertungsgrundlagen. Auf diese Weise können Sie Fehlin-
terpretationen auflösen und korrigieren.

3.2.1.2 Unterstützungsmöglichkeiten

Ängste über Gespräche verbalisieren

Wichtig ist es zunächst, dem Gefühl einen Namen zu geben. Wie Sie bereits in den vorangegangenen Beispielen
gesehen haben, kann sich Angst hinter einer Verweigerungshaltung, Wutausbrüchen, Quengeleien oder Ähn-
lichem verbergen. Durch Ihr Spiegeln lernt das Kind mit
der Zeit, selbst zu erkennen, was es wirklich bewegt. Stellen
Sie Ihrem Kind dazu hilfreiche Fragen: *Was genau macht
dir Angst? Was wünschst du dir? Was brauchst du, um dich
sicher zu fühlen?* Und fassen Sie die Äußerungen des Kindes
anschließend zusammen, um festzustellen, ob Sie es richtig
verstanden haben.

Die Angst respektieren und akzeptieren

Nehmen Sie die Gefühle des Kindes ernst, egal wie unge-wöhnlich oder unrealistisch die Gründe zu sein scheinen.

Informationsvermittlung schafft Sicherheit

Beleuchten Sie die Situation gemeinsam mit dem Kind von allen Seiten. *Was kann schlimmstenfalls passieren? Was ge-schieht, wenn es nach Plan A handelt? Wenn es nach Plan B handelt, was passiert dann? Gibt es eine Lösung für mögliche Folgeprobleme?* Je ausführlicher Sie mit dem Kind im Ge-spräch sind, desto mehr Sicherheit wird es gewinnen. Nut-zen Sie die Durch-Denk-Strategie, welche hochsensible Kin-der von sich aus schon umsetzen. Dies kann Blockaden so-wie falsche Interpretationen und Bewertungen verhindern.

Lösungen und Bewältigungsstrategien erarbeiten

Besprechen Sie mit Ihrem Kind mehrere Handlungsmög-lichkeiten. Welche Idee gefällt Ihrem Kind am besten? Durch die Suche nach aktiven Lösungsmöglichkeiten wird die Ohnmacht reduziert. Zeigen Sie Ihrem Kind zusätzlich Bewältigungsstrategien, um die Übererregung in angstbe-setzten Situationen in den Griff zu bekommen (z. B. be-wusstes Atmen, Entspannungsmethoden, ermutigende Selbstgespräche, Progressive Muskelentspannung).

Umsetzung

Gehen Sie mit ihrem Kind anfangs noch Schritt für Schritt durch die problematische Situation, und reduzieren Sie all-mählich Ihre Hilfe. Durch aktives Handeln erfährt das HSK eine Stärkung seiner Kompetenzen und kann so längerfris-tig angstbesetzte Situationen eigenständig meistern.

Scheitern darf kein Problem sein

Sollte die Umsetzung misslingen und die Angst nach wie vor zu hoch sein, darf dies kein Problem darstellen. Signalisieren Sie in diesem Fall: *Macht nichts, wir versuchen es ein andermal wieder!*

3.2.2 Die Sache mit der Disziplin[24]

Hochsensible Kinder haben häufig schon von Kindesbeinen an ein sehr ausgeprägtes Moralbewusstsein. Durch ihre gute Beobachtungsgabe und hohe Reflexionsfähigkeit verinnerlichen sie sehr früh, welche Verhaltensweisen angebracht oder unerwünscht sind, was richtig oder falsch ist. Auch Regeln nehmen sie rasch an und sind darauf bedacht, diese ordnungsgemäß umzusetzen. Dies liegt teils an ihrem perfektionistischen Bestreben, alles richtig zu machen, teils an der Tendenz, Kritik oder Strafe zu vermeiden, aber auch an dem ausgeprägten Wunsch, andere nicht zu enttäuschen. Durch die Fähigkeit, Geschehnisse detailliert wahrzunehmen, zu reflektieren und eigenes Verhalten zu überdenken, bevor gehandelt wird, gelingt ihnen die Erfüllung dieses hohen Anspruchs in der Regel auch. Insbesondere in einem Umfeld, das nicht zur Komfortzone gehört. Dies ist auch der Grund, warum Außenstehende, wie Nachbarn, Erzieher/-innen, Lehrer/-innen, für das Verhalten Ihres Kindes lobende Worte finden. Innerhalb des familiären Systems mag dies anders aussehen. Hier zeigen Hochsensible teilweise heftige Emotionen, können verbal ausfällig werden, mit den Geschwistern anecken oder mit Trotz reagieren. Meist zeigen sich derartige Verhaltensweisen, wenn das HSK aus dem inneren Gleichgewicht ist, sich unverstanden und ungerecht behandelt fühlt. Nach Gefühlsausbrüchen oder Regelverstößen sind hochsensible Kinder für gewöhnlich sehr unglücklich und bestrafen sich selbst mit einem Übermaß an Selbstkritik. Viele Eltern berichten, dass es nach einem Regelbruch vollkommen ausreicht, mit ihren hochsensiblen Kindern ein ruhiges Gespräch zu führen. Eltern, die trotzdem eine Strafe verhängen, erleben indes eine Verstärkung der Gefühlsausbrüche. Damit signalisiert das Kind, dass die Kombination aus Selbstkritik und Strafe von außen eine nicht auszuhaltende Bürde ist. Den Einsatz von logischen Konsequenzen halte ich aus meiner Erfahrung heraus für die beste erzieherische Maßnahme. Auf diese Weise lernt das Kind, dass es einen Zusammenhang gibt zwischen Aktion und Reaktion – und auch, dass es Missstände wiedergutmachen kann.

Zusätzlich ist es wichtig, das Erregungsniveau des Kindes im Blick zu halten. Solange das Kind übererregt ist, wird es kognitiv nicht erreichbar sein. Deswegen ist es hilfreich, ein hochsensibles Kind zunächst zu beruhigen, bevor es um das Besprechen der logischen Konsequenzen geht.

Umgang mit Fehlverhalten

- Sprechen Sie das unerwünschte Verhalten deutlich an (halten Sie dabei die Übererregung im Blick), und weisen Sie zeitgleich darauf hin, dass es um diese eine Situation geht und nicht um eine Degradierung des Kindes an sich. Dies ist insofern wichtig, als hochsensible Kinder diesen Fehler leider selbst häufig begehen und nach einem Fehler meist an ihrer gesamten Person zweifeln.

■ Sprechen Sie mit Ihrem Kind wenn möglich in ruhigem Ton. Da HSK bereits kleinste Veränderungen in Mimik und Gestik wahrnehmen, reicht dies oft aus. Lautes Schimpfen löst bei manchen HSK Angst und Schrecken aus. Dies sorgt für ein Verkrampfen, nicht aber für konstruktives Lösen eines Problems oder Konfliktes.

■ Berücksichtigen Sie, wenn möglich, was in Ihrem Kind gefühlsmäßig vorgeht. Oftmals hat es den Anschein, als würde das hochsensible Kind sich absichtlich schlecht benehmen, die eigentliche Ursache liegt aber unter Umständen in überwältigenden Situationen oder Ungerechtigkeiten, mit denen es zu kämpfen hat (s. auch 3.1.3).

Noch ein Hinweis:

Vermeiden Sie Aussagen, die das Kind in die Enge treiben. Fragen oder Aussagen wie *„Wie konntest du das tun?"*, *„Sei nicht so emotional/ängstlich/wütend"*, *„Dein Verhalten stresst mich ungemein"* führen zu nichts, außer dazu, dass sich das Kind zurückgewiesen bzw. unverstanden fühlt und sich zurückziehen wird. Dabei wäre ein offener Dialog über die Situation viel hilfreicher. Die Art des Fragens hat eine erhebliche Auswirkung auf den Verlauf des Gespräches.

Steckt Ihr Kind mit seinen Emotionen in einer Übererregung, so macht es wenig Sinn, die Situation mit kognitiven Argumenten zu entschärfen. Denken Sie daran, dass Ihr Kind aktuell im Flucht-oder-Kampf-Modus steckt. Wichtig ist es an dieser Stelle, die Emotionen herauslassen zu können, um dann in ruhigerem Zustand miteinander zu sprechen.

3.2.3 Schlafprobleme

3.2.3.1 Allgemeines

Laut einer praxisinternen Elternumfrage zeigen sich bei
47 % der HSK Einschlafschwierigkeiten, 35 % berichten
von Schlafschwierigkeiten ihrer Kinder in Zusammenhang
mit besonderen Situationen (z. B. Einschulung, anstehender Geburtstag etc.). Das Thema scheint viele Familien mit
hochsensiblen Kindern im Griff zu haben. Meist gehören
Überstimulation, Sorgen und Ängste zu den häufigsten Ursachen für Schlafschwierigkeiten. Aufgrund dessen möchte
ich an dieser Stelle für die Hintergründe sensibilisieren. Es
ist wichtig, präventive Maßnahmen zu ergreifen, um die
Entwicklung tiefgreifender Störungen zu vermeiden. Liegt
bereits eine klinisch relevante Schlafstörung vor, bedarf
diese einer psychotherapeutischen Maßnahme.

Stellen Sie sich folgende Szene vor: Sie sitzen im Büro und
arbeiten an einem bestimmten Auftrag. Während Ihrer Ar-
beit erhalten Sie kontinuierlich E-Mails, das Telefon klin-
gelt, Ihr Chef legt Ihnen weitere Aufgaben auf den Schreibtisch, Ihr Kollege hat eine dringende Frage an Sie usw. Wie
gehen Sie vor? Sie beurteilen, welche der Aufgaben dringend sind. Alle anderen Dinge legen Sie in die Zwischenablage – ob ganz praktisch oder virtuell. Wann bearbeiten
Sie diese? Genau. Wenn Ruhe einkehrt, der Chef vielleicht
schon gegangen ist und die Kollegen im Feierabend sind.
Genauso verhält es sich bei hochsensiblen Kindern. Ihr
Gehirn arbeitet den ganzen Tag über auf Hochtouren, ist
damit beschäftigt, Informationen aufzunehmen, zu ver-

arbeiten, Anforderungen umzusetzen und Bedürfnissen
des Umfeldes gerecht zu werden. Da das Gehirn nicht
alle Informationen gleichzeitig bearbeiten kann, werden
Informationen auch bei HSK in einer Art Zwischenablage gelagert (vgl. 1.3.1). Spätestens abends, wenn im Bett
Ruhe einkehrt, beginnt das Gehirn auf Hochtouren das zu
verarbeiten, was tagsüber keinen Raum fand. *„Warum bloß
hat meine beste Freundin mich heute so seltsam von der Seite
angeschaut und mit meiner Banknachbarin in der Schule getu-
schelt? Was mache ich nur mit den fehlenden Hausaufgaben,
mit dem Fleck in meinem Schulheft? Was, wenn wir morgen
einen unangesagten Test schreiben? Und wie wohl der Schul-
ausflug nächste Woche wird?"* Verständlich, dass so nicht an
Schlaf zu denken ist.

3.2.3.2 Ursachen für die Schlafprobleme ergründen

Die Hintergründe für Schlafprobleme sind sehr vielfältig.
In den häufigsten Fällen zeigen sich bei HSK Einschlafpro-
bleme aufgrund der oben genannten Reizüberflutung während des Tages. Aber auch andere Gründe können das Ein-
oder Durchschlafen behindern.

Wichtig ist es, über folgende Fragen zu reflektieren:
- Wie sieht die Abendgestaltung des Kindes aus?
- Liegt der Zeitpunkt des Abendessens unmittelbar vor der
  Zubettgehzeit?
- Was wird vor dem Schlafengehen gegessen und getrun-
  ken (schwere Speisen, koffeinhaltige Getränke)?
- Gibt es bereits Abendrituale, und wie konsequent werden
  diese umgesetzt?

- Ist das Kind abends emotional und kognitiv stark beansprucht?
- Wie halten Sie es mit der Schlafhygiene, wie hoch ist die Raumtemperatur, der Geräuschpegel etc.?
- Ist der Tagesablauf des Kindes strukturiert oder unstrukturiert?
- Kennt das Kind bereits Entspannungsverfahren? Wird es von Ängsten geplagt?

3.2.3.3 Lösungen erarbeiten

Schlafrituale von Eltern hochsensibler Kinder[3]:

- gleichbleibende Zubettgehzeit
- Rückenmassage
- gemeinsames Kuscheln
- Gespräch über den Tag
- Gutenachtgeschichte
- Einschlaflied
- schlafen in „Höhle"
- gedämpftes Licht
- sanfte Musik
- Einsatz eines Traumfängers
- Gebet

Die Tagesgestaltung

- Sorgen Sie für ausreichend Bewegung während des Tages! Insbesondere Schulkinder sitzen für gewöhnlich sehr lange sowohl in der Schule als auch am Schreibtisch. Dadurch

---

3 Ergebnisse einer praxisinternen Elternumfrage

kann üblicherweise kein Ausgleich zur kognitiven Bean-
spruchung geschaffen werden, der Körper erfährt nicht
genügend Auslastung, wodurch sich auch keine Müdigkeit
einstellt. Sorgen Sie dafür, dass Ihr Kind mindestens einmal
am Tag die Möglichkeit zu Sport, Bewegung oder zumin-
dest zum Auftanken an der frischen Luft hat.

■ Sorgen Sie für einen strukturierten Tagesablauf!
Je überschaubarer und kontrollierter ein Tagesablauf ist,
desto leichter fällt es hochsensiblen Kindern, den Abend
in seiner Struktur zu akzeptieren. Gleichzeitig führt ein
regelmäßiger Ablauf dazu, dass das Kind nicht allzu sehr
in emotionale, überfordernde Gefühlszustände gerät. Der
Alltag in Kindergarten und Schule sorgt an sich schon für
genügend Herausforderungen.

Die Abendgestaltung

■ Ruhe einkehren lassen!
Wichtig ist es, dass hochsensible Kinder vor der Schlafenszeit bereits die Möglichkeit haben, einen Gang herunter-
zuschalten, alles zu verarbeiten und zur Ruhe zu kommen.
Toben, energiereiches Spielen, Fernsehen oder Computer-
spiele können den Kreislauf des Kindes in Schwung bringen und die notwendige Ruhe stören.

■ Nahrungsaufnahme beachten!
Sorgen Sie dafür, dass Ihr Kind nicht unmittelbar vor der
Schlafenszeit isst. Vor allem schweres Essen und koffeinhal-
tige Getränke sind zu vermeiden.

■ Das Bett als Wohlfühlort!
Zur Schlafhygiene gehört, dass die äußeren Rahmenbe-

dingungen stimmen. Ein Zimmer, das lauten Geräuschen ausgesetzt ist, kann Kinder mit einer ausgeprägten Wahrnehmung am Einschlafen hindern. Ebenso kann eine ungünstige Raumtemperatur stören oder auch der Blick vom Bett in ein unaufgeräumtes Zimmer. Bedenken Sie, dass HSK Außenreize intensiver wahrnehmen, und tragen Sie dem Rechnung.

- Rituale einführen!

Hilfreich kann es sein, abends mit dem Kind eine Runde um den Block zu laufen, Gespräche zu ermöglichen, um Sorgen loszuwerden, bevor es ins Bett geht, ein „Was ist heute gut gelaufen"-Tagebuch einzuführen oder ein „Dankbarkeitsgespräch", bei dem jedes Familienmitglied am Ende des Tages noch einmal schöne Erlebnisse benennen kann, wobei alle Familienmitglieder beteiligt werden. Dies sorgt für ein positives Gefühl am Ende des Tages und verhindert, dass die Kinder einem negativen Gefühl nachhängen, das sie am Schlafen hindert.

- Medienkonsum am Ende des Tages vermeiden!

Filme, PC-Spiele u. Ä. sorgen dafür, dass Emotionen in den Kindern aufkeimen, die unter Umständen nicht beruhigend wirken, sondern sie hellwach werden lassen. Diese sind am Ende des Tages dringend zu vermeiden.

- Einen festen Ablauf planen!

Hochsensible Kinder profitieren von einem immer gleichen Ablauf des Abends. Zum Beispiel: Abendbrot, Gesprächsrunde über den Tag, Gang ins Bad, Gutenachtgeschichte, Dankbarkeitsrunde und Gutenachtkuss. Je nach Alter und Familiensituation kann der Ablauf ganz unterschiedlich

sein. Finden Sie Ihre ganz eigenen Abläufe. Je öfter Sie da-
nach vorgehen, desto leichter wird sich das Kind an die
Vorgehensweise gewöhnen und sich darauf einlassen.
Dann kann es zwar immer noch sein, dass an manchen
Tagen starke Emotionen das Einschlafen behindern, aber
trotzdem erreichen Sie eine gewisse Konstanz.

■ Körperkontakt zulassen!
Körperkontakt am Ende des Tages kann dem Kind ein
Gefühl von Nähe, Sicherheit und Geborgenheit vermitteln. Gleichzeitig wird Oxytocin ausgeschüttet, ein Bin-
dungshormon, das als Glückshormon bekannt ist und
beruhigende Wirkung haben kann. Stellen Sie sich das
Zubettgehen wie eine Verabschiedung vor. Das Kind muss
sich von Ihnen und seinen Geschwistern trennen und alleine durch die Nacht. Körperkontakt kann als eine Art Ab-
schiedsritual hilfreich sein.

Beachtung des reichen Innenlebens eines HSK

■ Entspannungsübungen zur Emotionsregulierung nutzen!
Hochsensible Kinder hängen abends oft ihren Gefühlen
nach und bekommen Sorgen, Ängste und Anspannung
nicht los. Hier können Entspannungsübungen wie die Progressive Muskelentspannung, Entspannungsmusik, Phantasiereisen, autogenes Training, Massagen und Atemübungen dienlich sein.

■ Wie ist mit lästigen Gedanken umzugehen?
Jeder kennt Grübel-Fallen – Gedanken, die ins Unendliche
gehen und am Ende zu nichts führen außer zur Beunruhi-
gung. Hier hilft es, eine Art Gedankenmeditation einzuführen. Stellen Sie sich mit Ihrem Kind vor, Gedanken seien

Szenen eines Kinofilms. Sie tauchen auf – und schon ist die nächste Szene auf der Bildfläche. HSK müssen lernen, Gedanken kommen und gehen zu lassen. Martin Luther formuliert es treffend: „Dass die Vögel der Sorge und des Kummers über deinem Haupt fliegen, kannst du nicht ändern. Aber dass sie Nester in deinem Haar bauen, das kannst du verhindern."

3.3 Stressmanagement für die ganze Familie

3.3.1 Stressmanagement für die Kinder

Wie Sie bereits wissen, nimmt ein hochsensibles Kind viel mehr Informationen aus seinem Umfeld auf als andere. In Summe führt dies häufiger zu einem Zustand der Überstimulation und Überreizung und sorgt damit für Stress. Doch nicht nur die Überreizung kann Stress auslösen, auch Stresserleben durch Überforderung macht den Kindern zu schaffen. Situationen, die uns Erwachsenen harmlos erscheinen, setzen HSK unter Spannung, weil ihnen Bewältigungsstrategien fehlen.

Stresserleben steht immer in Zusammenhang mit der persönlichen Bewertung des Betroffenen. *„Kurz gesagt kommt es demnach zu Stress, wenn in einer als potenziell stressig wahrgenommenen Situation die vorhandenen Bewältigungsmöglichkeiten als unzureichend angesehen werden. Stress entsteht also dann, wenn die wahrgenommenen Anforderungen die wahrgenommenen Bewältigungsmöglichkeiten überstei-*

gen" [25], so die Darstellung von Lohaus et al. (2007). Das heißt, Stress taucht immer dann auf, wenn ein Kind einer Anforderung gegenübersteht und aufgrund seiner Bewertung davon ausgeht, dass diese nicht zu meistern ist.

Da hochsensible Kinder grundsätzlich vorsichtiger und weniger risikobereit sind (s. auch 2.5.4), kommt es nicht von ungefähr, dass es bei ihnen viel mehr Stressauslöser gibt als bei anderen und dadurch auch mehr Stresshormone freigesetzt werden.

3.3.1.1 Stressoren

Ungeübte Beobachter bemerken eine Überreizung bei hochsensiblen Kindern nicht unmittelbar. Dies erschwert das Identifizieren von Stressoren. In vielen Fällen braucht es, wie bereits unter 3.1.3 erläutert, eine Art Übersetzungshilfe. Insbesondere in der frühen Kindheit sind HSK noch nicht fähig, ihre Gefühle zu benennen. Zudem zeigen sie die ganze Palette vorhandener Emotionen nur engen Bezugspersonen, Menschen, bei denen sie sich sicher fühlen. Dies liegt daran, dass HSK außerhalb ihrer Komfortzone meist überangepasst sind und alle Reserven zusammennehmen, um nicht aufzufallen. Reizüberflutete Kinder werden daher meist erst im familiären Umfeld quengelig, beklagen sich, werden patzig oder ziehen sich zurück und wollen ihre Ruhe. Die Bandbreite an Verhaltensweisen ist sehr groß und reicht von Wutausbrüchen, Quengeln, psychosomatischen Beschwerden bis hin zu Rückzugsverhalten. Manche Kinder zeigen wiederum in angespanntem Zustand (!) ähnliche Verhaltensweisen und Symptome wie Kinder mit einer Aufmerksamkeitsstörung: Sie werden unruhig, rastlos und unkonzentriert.

An dieser Stelle zeigt sich sehr deutlich, welche Strategie das Kind bereits erlernt hat. Zieht es sich automatisch aus einer stressigen, überfordernden Situation zurück und sucht sich Ruhemöglichkeiten, um zu regenerieren, so nennt man das eine aktive Selbststeuerung. Andere Kinder wiederum sind von ihren Emotionen und der jeweiligen Situation so überwältigt, dass sie keinen Ausweg aus der unangenehmen Situation sehen. Diese Verhaltensweise nennt man passive Selbststeuerung. Kinder mit einer passiven Selbststeuerung müssen zunächst von den Erwachsenen lernen, welches Gefühl ihrem Verhalten zugrunde liegt (dem Gefühl einen Namen geben), was dieser Gefühlszustand zu bedeuten hat, wie es dazu kommen konnte und insbesondere, welche Lösungsmöglichkeiten es gibt. Je öfter die Vorgehensweise trainiert wird, desto leichter wird das Kind eine eigene, aktive Selbststeuerung erlernen.

Nehmen Sie sich die Zeit, und notieren Sie die Stressfaktoren Ihres Kindes. Je klarer die Situationen, die Stress auslösen können, benannt werden, desto leichter kann Abhilfe geschaffen werden. Gehören Geburtstagspartys, Arztbesuche oder Stress in der Schule dazu? Oder vielleicht das schlechte Wetter, die Tagesnachrichten mit den neuesten Katastrophen, Konflikte mit anderen Kindern? Selbst freudige Anlässe wie Familienfeste, Treffen mit Freunden oder eine Übernachtung bei den Großeltern können bei hochsensiblen Kindern zu einer Überreizung führen. Wenn Sie wissen, welche Momente bei Ihrem Kind Stress auslösen, können Sie aktiv Fürsorge walten lassen.

3.3.1.2 Stressreaktionen

Fällt es Ihnen schwer, einzelne Stressoren zu benennen? Dann gehen Sie umgekehrt vor. Beobachten Sie Ihr Kind genau, und identifizieren Sie Verhaltensweisen, die auf Stress hindeuten. Wie verhält sich Ihr Kind in der Übererregung?

Hier einige Verhaltensweisen, die auf Stress hindeuten:
- Regressionsverhalten, sprich das Kind fällt in eine frühere Entwicklungsstufe zurück (es beginnt z. b. wieder einzunässen, obwohl es bereits trocken war)
- Neigung, Probleme aufzubauschen
- übersteigerte Gefühle
- psychosomatische Beschwerden
- Schlafprobleme, Albträume, vermehrtes Schlafbedürfnis
- größere Anhänglichkeit, Klammern
- Hang zur Isolation (im Haus bleiben)
- Unaufmerksamkeit

Welche Anzeichen zeigt Ihr Kind?

3.3.1.3 Stressbewältigung[26]

Unter Stress zu stehen bedeutet immer, aus dem Gleichgewicht zu sein. Bildlich gesprochen ist die Waagschale mit all den Herausforderungen, die Stress und Unruhe ausgelöst haben, übervoll, während in der Waagschale, die für Entspannung und innere Ruhe steht, wenig ins Gewicht fällt. Bewegt sich die Schale nur in eine Richtung, tritt ein Ungleichgewicht ein. Um das innere Gleichgewicht wiederherzustellen, ist es notwendig, sowohl kurzfristige als auch langfristige Strategien zu entwickeln, die Stress reduzieren.

„Untersuchungen zur Dynamik von Stress und Erholung haben zum einen gezeigt, dass auf jede Stress- und Anspannungsphase eine Erholungs- und Entspannungsphase folgen muss, damit der Organismus nicht erkrankt. Dabei wirkt sich die Art und Dauer der Stressphase wiederum auf die Erholungsphase aus"[27], so der Tenor von Lehrhaupt & Meibert (2011). Ebenso betonen die Autoren, dass zur Stressbewältigung Maßnahmen auf mehreren Ebenen notwendig sind: körperlich, gedanklich, emotional und verhaltensspezifisch.[28]

Hier einige Ideen:

■ Sorgen Sie für regelmäßige Auszeiten innerhalb des Tagesverlaufs

Hochsensible Kinder benötigen innerhalb eines Tages immer wieder Zeiten, in denen sie nichts tun oder ganz in ihre eigene Gedankenwelt abtauchen können. Schaffen Sie solche Rückzugsmöglichkeiten, indem das HSK eine bestimmte Zeit ganz für sich alleine sein kann.

■ Schaffen Sie gleichbleibende, wiederkehrende Tagesabläufe

Hochsensible Kinder lieben und brauchen in der Regel feste Rituale innerhalb des Tagesverlaufs. Sie geben ihnen Sicherheit und halten das Erregungsniveau dadurch auf niedrigem Level.

■ Reduzieren Sie Freizeitaktivitäten auf ein bewältigbares Maß

Hochsensible Kinder benötigen eine Tages- und Wochenplanung, in der viele Ruhephasen eingeplant sind. Hierfür ist es notwendig, die Menge an fest eingeplanten Aktivitäten zu reduzieren und diese so auszuwählen, dass dabei Neigungen, Stärken und Vorlieben ihren Platz finden.

■ Reduzieren Sie Außenreize
Während Entspannungs- und Erholungsphasen ist es wichtig, akustische und visuelle Reize zu reduzieren. Entfernen Sie z. B. lautes Spielzeug, schalten Sie Fernseher oder Radio ab. Aber auch grundsätzlich gilt: Gestalten Sie die Umgebung des HSK, wie z. b. das Kinderzimmer, ruhig und geordnet, und kreieren Sie eine „Wohlfühlzone".

■ Sorgen Sie für ausreichend Schlaf
Auch wenn hochsensible Kinder Schwierigkeiten mit dem Ein- oder Durchschlafen haben, ist es wichtig, die Notwendigkeit des Schlafs im Blick zu halten und dem Kind genügend zeitlichen Raum für den Schlaf zu schaffen.

■ Bieten Sie Ihre Zuwendung an
Welche Form der Zuwendung gewählt wird, hängt von der Situation, den Vorlieben des Kindes und seinem Alter ab. Möglich sind z. B. stressreduzierende Gespräche (indem Not, Angst, Stress verbal abgeladen werden können), stilles Beeinandersitzen, das signalisiert *„Ich bin für dich da"*, oder auch körperliche Zuwendung durch Kuscheln, Im-Arm-halten oder eine wohltuende Massage. Entwickeln Sie eigene Rituale mit Ihrem Kind.

■ Setzen Sie Entspannungsverfahren ein
Entspannungsübungen wie die Progressive Muskelentspannung, Entspannungsmusik, Phantasiereisen, autogenes Training, Massagen und Atemübungen helfen, Stress abzubauen.

■ Die Bedeutung von Bewegung

Im Zustand von Stress wird das Stresshormon Adrenalin ausgeschüttet. Sinkt der Stresspegel nicht, sondern bleibt über längere Zeit gleichbleibend, schaltet der Körper auf Dauerstress um. In diesem Fall wird das Stresshormon Cortisol ausgeschüttet. Laut einer Studie von Jerome Kagan ist das Cortisolvorkommen bei hochsensiblen Kindern (Kagan spricht von „gehemmten" Kindern) höher als bei anderen.[29] Dies ist wichtig zu wissen. Denn Stresshormone lassen sich nur durch körperliche Bewegung abbauen. Welche Art der Bewegung dabei zum Zug kommt, ist unerheblich. Hilfreich ist, was Spaß macht und guttut. Das kann ein Spaziergang in der Natur sein, eine bestimmte Sportart, toben unter freiem Himmel oder das Hüpfen auf dem Trampolin. Suchen Sie nach einer bestimmten Sportart für Ihr Kind, so wählen Sie diese am besten so, dass dadurch kein erneuter Stress ausgelöst wird. Sportarten mit Wettkampfcharakter können durch das erhöhte Perfektionsstreben eines HSK Stress auslösen.

■ Sorgen Sie vor

Es gibt stressvolle Zeiten und Situationen, die bereits im Vorfeld bekannt und nicht zu umgehen sind. Planen Sie diese Phasen gut durch, besprechen Sie Möglichkeiten des Rückzugs, bieten Sie dem Kind Unterstützungsmöglichkeiten als Anker. Sorgen Sie z.B. vor und nach Veranstaltungen für Ruhe, und ermöglichen Sie Ihrem HSK nach Phasen der Aktion und eventuellen Anspannung eine Verarbeitungsphase.

■ Legen Sie eine Art „Notfallkoffer" an

Legen Sie mit Ihrem Kind eine Liste an individuellen Lö-

sungen bei kurzfristigem Stressempfinden an, so lernt es
längerfristig, eigenverantwortlich nach seinem Befinden zu
schauen.

Ideen von Eltern für Eltern[4]
- Mittagspause nach der Schule
- räumlicher Rückzug (ins eigene Zimmer)
- abtauchen in die eigene Welt, z.B. durch Lego spielen
- Lesezeiten
- Musik hören, Hörbücher anhören, selbst musizieren
- basteln, malen
- spielen/Auszeit in der Natur, im Garten
- viel Bewegung, z.B. Radfahren, Trampolin springen
- Fußballspielen (ohne Verein)
- Reduktion von Freizeitaktivitäten
- Zu Hause bleiben, ohne Besuch zu erhalten
- kuscheln
- homöopathische Mittel einsetzen

3.3.2 Vergessen Sie sich selbst nicht – Stressmanagement für Eltern

Eltern sind in unserer Gesellschaft heute grundsätzlich
Mehrfachbelastungen ausgesetzt. Sie sind Manager, Orga-
nisator, Motivator, Lehrer, Taxifahrer, Coach. All die klei-

---

4 Ergebnisse einer praxisinternen Elternumfrage

nen und großen Aufgaben des Alltags sind nicht zu unterschätzen. Haben Sie ein hochsensibles Kind, kann dies im Alltag bedeuten, dass Sie mehr Zeit für die Bewältigung alltäglicher Anforderungen investieren müssen, um es zu begleiten. In einer praxisinternen Umfrage geben rund 83 % der befragten Eltern an, dass die Erziehung hochsensibler Kinder Mehraufwand bedeutet und zeitintensiver ist. Gleichzeitig sind sich 63 % einig darin, dass trotz des größeren Aufwands auch eine intensive Bereicherung vorliegt.

Nun kommt es im alltäglichen Leben immer wieder zu Phasen, in denen die Kräfte der Eltern zur Neige gehen und ihnen der Alltag über den Kopf wächst. Suchen Sie sich genau dann Hilfe und Unterstützung. Insbesondere Eltern, die selbst hochsensibel sind, kommen schneller an ihre Belastungsgrenze. Daher ist es sehr wichtig, sich selbst nicht aus den Augen zu verlieren und nicht nur dem Kind Ruhe, Auszeit und Rückzug zu ermöglichen, sondern auch sich selbst. Schaffen Sie Ausgleich zu all Ihren Aufgaben und Pflichten. Tanken Sie Ihren Akku auf. Wenn er leer ist, ist keinem Ihrer Familienmitglieder gedient. Nicht selten höre ich den Satz: *„Wenn es meinen Kindern gut geht, geht es auch mir gut."* Aber bin ich deswegen automatisch im Gleichgewicht und habe die Kraft, mich den täglichen Herausforderungen zu stellen? Denken Sie an das Prinzip, das uns im Flugzeug gelehrt wird: Zunächst sollten die Eltern sich selbst im Notfall eine Sauerstoffmaske überziehen, bevor sie sich um das Kind kümmern. Auch im alltäglichen Leben ist dieses Prinzip überlebenswichtig. Wenn es Ihnen gut geht, haben Sie auch die Kraft, Ihre Kinder adäquat zu unterstützen.

Nun ist klar, dass es für Eltern durch die Vielzahl der Pflichten und Aufgaben schwieriger ist, Auszeiten zu ermöglichen. Viele Eltern berichten, dass sie für größere Erho-
lungspausen keine Zeit haben. Zu viele Aufgaben warten
darauf, bewältigt zu werden. Neben den „großen" Pausen
lassen sich aber auch kleine Verschnaufpausen schaffen,
die sehr wertvoll sind und den Akku laden. Oft sind es die
kleinen, in den Alltag eingebauten Genussmomente, die
der Seele guttun: eine Tasse Kaffee oder Tee trinken – alleine, mit einer Freundin, mit Entspannungsmusik oder
ganz in Ruhe –, sein Lieblingslied hören, Blumen auf dem
Küchentisch, kürzere oder längere Entspannungsübungen
machen u.v.m.. Zusätzlich bewähren sich auch für Eltern
Rituale und Familienregeln, die wohltuend sind. Wie wäre
es mit einer halben Stunde Ruhepause nach der Arbeit/der
Schule für die ganze Familie? Oder mit Rückzugsstunden
an einem Samstagnachmittag nach dem Erledigen aller
Pflichten? Wenn sich die Kinder in eine Spielecke verzie-
hen und Sie in Ruhe lesen können? Suchen Sie sich kleine,
aber wirkungsvolle Nischen.

Ideen von Eltern für Eltern[5]

- Miteinbeziehung der Großeltern
- Mittagspause für Eltern wie Kinder
- Rückzugsorte, um für kurze Zeit selbst ungestört
  auftanken zu können
- Lesen

---

5 Ergebnisse einer praxisinternen Elternumfrage

- Gartenarbeit
- Spaziergang in der Natur
- Sport
- Musizieren
- Meditation
- gutes Essen
- Zeit der Stille
- Zeit mit Partner verbringen
- Zeit und Gespräche mit guten Freunden

Wie tanken Sie auf?

3.4 Die großen Veränderungen im Kindes- und Jugendalter

Hochsensible Kinder tauen in neuen Situationen sehr lang-sam auf („slow to warm up") und zeigen Zurückhaltung, wenn es um lebensverändernde Einschnitte geht. Bis zum Erwachsenenalter lassen sich einige Stationen festmachen, die es zu durchlaufen gilt. Die erste große Veränderung vollzieht sich durch den Kindergarteneintritt, gefolgt vom Schuleintritt, der gleichzeitig von der Pubertät begleitet wird, welche wieder ganz eigene Herausforderungen mit sich bringt.

Bei all diesen großen Veränderungen benötigen hochsen-sible Kinder ausreichend Zeit, um die neuen Gegebenhei-

ten, das neue Umfeld und die veränderte Situation zu beobachten, zu reflektieren und Rückschlüsse über ihr eigenes Handeln zu ziehen, bevor sie aktiv werden. Bei einigen
Kindern dauert das Ankommen äußerst lange und fordert
sowohl von den Eltern als auch von den weiteren Bezugspersonen viel Zeit und Geduld. Dabei sollte das individuelle Anpassungstempo unbedingt respektiert werden, denn
eine Beschleunigung vergrößert die ohnehin bei diesen
Kindern schon vorhandenen Ängste, die sich damit bis zur
Panik oder einer Blockade entwickeln können.

3.4.1 Das Kindergartenalter

Vorschuleinrichtungen bieten einen hervorragenden Ein-
stieg in die soziale Welt außerhalb des Elternhauses und
verschaffen Kindern elementare Erfahrungen im Umgang
mit anderen. Der Eintritt in den Kindergarten ist für jedes
Kind eine Herausforderung, die je nach Temperament unterschiedlich bewältigt wird. Für hochsensible Kinder, die
mehr als andere Sicherheit benötigen und ihre Komfortzone ungern verlassen, kann dieser Schritt wirken wie ein
unbezwingbarer Berg. Viele neue Eindrücke strömen auf
das Kind ein. Es gilt die Trennung von den Eltern zu bewältigen, das neue Umfeld zu erkunden, die vielen fremden
Kinder und die unbekannten Erzieher/-innen kennenzuler-
nen. Nicht selten sorgt all das Neue für eine starke Überforderung. Zusätzlich kann auch der um ein Vielfaches erhöhte Lärmpegel für Stress bei Ihrem HSK sorgen.

Wichtige Hilfen[30]

Die Auswahl der Einrichtung

Sofern Sie in einem Einzugsgebiet wohnen, das Ihnen eine
Auswahl an Einrichtungen bietet, macht es Sinn, Sorgfalt
bei der Wahl des Kindergartens walten zu lassen. Hilfreich
für hochsensible Kinder sind: eine ruhige Atmosphäre, eine
überschaubare Gruppengröße, eine gute, konstante Tages-
struktur und Rückzugsmöglichkeiten. Offene Gruppen
sind für HSK oft zu unübersichtlich und bieten wenig Sicherheit.[31] Unabhängig davon sollte dafür gesorgt werden,
dass es als Ausgleich zur Überreizung im Kindergarten zu
Hause zur Ruhe kommen kann.

Eine gute Vorbereitung

Wie bereits vielfach erläutert, hilft es HSK sehr, wenn im
Vorfeld viele kleine Details besprochen, geplant und auch
spielerisch geprobt werden. Lesen Sie mit Ihrem Kind entsprechende Kinderbücher, erzählen Sie von den Tagesab-
läufen des Kindergartens, und beantworten Sie offene Fragen. Auch ein frühzeitiger Besuch im Kindergarten macht
Sinn, damit das HSK eine konkrete Vorstellung von der
Einrichtung bekommt. Nutzen Sie zudem Kontakte, die
es bereits geschlossen hat, und binden Sie ihm bereits be-
kannte Kinder in den Entwicklungsprozess mit ein. Laden
Sie Gleichaltrige zu sich nach Hause ein, und schaffen Sie
so eine Grundsicherheit für Ihr hochsensibles Kind.

Die Einstiegsphase

Trotz der Vorbereitung kann der eigentliche Kindergarteneintritt noch angstbesetzt sein. Bewährt hat sich in diesem
Fall eine sanfte Eingewöhnung (Berliner Modell). Hochsen-

sible Kinder benötigen während des Abnabelungsprozesses kontinuierliche Begleitung. Bleiben Sie anfangs verfügbar, um dem Kind Sicherheit zu vermitteln. Wenn Sie merken, dass alles in bester Ordnung ist, können und sollten Sie sich zurückziehen, um dem Kind eigene Erfahrungen zu ermöglichen.

Sollte Ihr HSK in den ersten Wochen überfordert sein, halte ich es für sinnvoller, das Kind täglich für eine kurze Zeit in die Einrichtung zu geben anstatt seltener (z.B. zweimal pro Woche) für einen längeren Zeitraum. Dies sorgt für Struktur, Regelmäßigkeit und eine kontinuierlichere Einbindung in den Tagesablauf der Gruppe. Zusätzlich erhöht eine zeitlich kürzer gefasste Zeitspanne die Chance, dass das Kind sich auf den nächsten Tag freut.

Enger Kontakt zu den Erzieher/-innen

Ein enger Kontakt zu den ErzieherInnen ist in jedem Fall wichtig und ratsam. Tauschen Sie sich über Ihr Kind und seine Bedürfnisse aus. Besteht vonseiten der Fachkraft Offenheit bezüglich individueller Persönlichkeitsmerkmale, können Sie von der Hochsensibilität Ihres Kindes erzählen. Ansonsten macht es Sinn, beschreibend zu erläutern, was es benötigt, um sich gut eingliedern zu können und sich wohlzufühlen. Meist bieten bereits kleine Hilfestellungen Unterstützung. Fühlen sich HSK ernst genommen, blühen sie in der Regel in der Gruppe auf. Haben Sie als Eltern ein offenes Ohr für die Beobachtungen der Erzieher/-innen. Oft verhalten sich hochsensible Kinder in einer Gruppensituation anders als zu Hause. Zum Wohle Ihres Kindes ist ein von gegenseitigem Verständnis getragenes Miteinander sehr wichtig.

3.4.2 Die Schulzeit

Die Schulzeit kann für Sie und Ihr hochsensibles Kind eine große Herausforderung darstellen. Dies liegt daran, dass HSK durch die Vielzahl der Außenreize zusätzlich zum Lernstoff viel zu verarbeiten haben. Die Konzentrationsfähigkeit ist in Folge stark abhängig vom inneren und äußeren Gleichgewicht, von der Klassenatmosphäre, von der Stabilität des Freundeskreises, von der Beziehung zum Lehrer und vielem mehr. Auch die Optionen eines Rückzugs sind im Vergleich zum Kindergarten nicht in gleichem Maß möglich. Ist ein hochsensibles Kind nicht im Gleichgewicht, können die schulischen Leistungen nachlassen.

Was es zu beachten gilt[32]

Die Überstimulation in den Griff bekommen

Hochsensible Kinder kommen in der Regel von Eindrücken überflutet aus der Schule. An sofortiges Weiterarbeiten ist oft nicht zu denken. Solange diese Kinder emotional und gedanklich noch mit dem Geschehen in der Schule beschäftigt sind, kann sich das Gehirn nur schwer auf Lernprozesse einstellen.

Beobachten Sie bei Ihrem Kind direkt nach der Schule Anzeichen einer Überstimulation, sollte eine Ruhephase erfolgen, bevor mit den Hausaufgaben und dem Lernen weitergemacht wird. Bildlich gesprochen bedeutet dies ein „Entleeren der Zwischenablage", von der in Kapitel 1 gesprochen wurde. Wie das „Entleeren" praktisch umgesetzt wird, hängt von den Vorlieben jedes Kindes ab. Dies kann z.B. geschehen durch eine Erzählrunde am Mittagstisch oder eine halbe Stunde Pause nach dem Essen mit lesen, spielen, Hörbüchern oder Musik hören.

Schaffen Sie zum Stress in der Schule außerdem einen Ausgleich, indem Sie den Tages- und Wochenablauf entschleunigen, wenige gezielte Termine für das Kind auswählen und immer wieder für Pausen sorgen. Zudem ist es hilfreich, ihm Auszeiten zu gönnen, indem lernfreie Tage eingerichtet werden. Denn: HSK können nicht unentwegt powern. Je erholter sie sind, desto besser auch ihre Lernfähigkeit. Ein freier Tag pro Woche ist auf jeden Fall empfehlenswert. Bei der Freizeitgestaltung sollten Bewegung, Natur und je nach Vorlieben Musik oder kreatives Gestalten im Vordergrund stehen. Medien wie Fernseher, PC, Nintendo etc. schaffen nicht denselben Erholungseffekt, sondern können eine Übererregung zusätzlich fördern.

Vorausplanen

Auch in schulischen Belangen gilt wie bei anderen Themen: Planen Sie mit Ihrem Kind so viel wie möglich, und strukturieren Sie den Tag, die Woche oder auch größere Phasen bis zu den nächsten Ferien. Fragen wie *„Welche Termine habe ich nächste Woche? Welche am nächsten Tag? Welche Aufgaben müssen heute unbedingt erledigt werden, weil sie wirklich keinen Aufschub vertragen?"* sind hilfreich, damit es sich auf die Anforderungen einstellen kann. Setzen Sie sich am Wochenende vor den Terminkalender, und besprechen Sie mit Ihrem Kind die kommende Woche vor. Sinnvoll kann es ebenso sein, einen Wochenplan zu erstellen. Packen Sie das Lernpensum in kleine Portionen, und strukturieren Sie den Lernstoff. Auf diese Weise haben HSK weniger das Gefühl, vor einem großen Berg zu stehen, der nicht zu bewältigen ist. In fortgeschrittenem Alter können die Kinder dann selbstständig Pläne machen und ihre eigene Struktur umsetzen.

Der Lernstil

Hochsensible Kinder sind ganzheitliche Denker. Sie lernen am besten, wenn sie einen Gesamteindruck über den Lernstoff erhalten und den Kontext immer im Blick haben. HSK lieben Metaphern, Bilder, Beispiele und Assoziationen und können die Lerninhalte auf diesem Weg besser abspeichern. Diese sehr umfangreiche Art des Lernens ist sehr effektiv und gewinnbringend, benötigt in Summe allerdings aufgrund des Umfangs viel mehr Zeit. Nicht selten haben hochsensible Kinder aus diesem Grund ein Problem mit dem Arbeitstempo. Hausaufgaben und Lernsituationen ziehen sich zeitlich oftmals in die Länge.

Hochsensible Kinder benötigen beim Lernen viel Zeit und Ruhe. Äußere Reize sollten aus diesem Grund so weit wie möglich minimiert werden. In entspanntem Zustand haben HSK eine hohe Detailwahrnehmung. Unter Stress (sei es gedanklicher Stress, Zeitstress oder emotionaler Stress) sind sie blockiert, haben Mühe zuzuhören und Inhalte abzuspeichern. Stress kann auch ausgelöst werden, wenn der eigene Anspruch, alles richtig zu machen, ein entspanntes Lernen verhindert.

Der Kontakt zur Lehrkraft

Hochsensible Kinder lernen personengebunden. Besteht eine gute Beziehung zur Lehrkraft, können HSK sich entfalten. Sie trauen sich dann auch verstärkt, mündlich mitzuarbeiten und Beiträge zu bringen. Versuchen Sie aus diesem

Grund, von Beginn an eine gute Beziehung zur Lehrkraft aufzubauen. Dies kann Ihrem hochsensiblen Kind zugute kommen. Inwiefern die Hochsensibilität in Lehrergesprächen thematisiert werden sollte, hängt von einigen Faktoren ab. Haben Sie das Gefühl, dass Ihr Kind gut in der Schule angekommen und integriert ist, muss das Thema nicht unbedingt angesprochen werden. Gibt es Anzeichen für Probleme (sitzt das HSK z.b. neben einem Mitschüler, mit dem es Konflikte gibt), so macht es Sinn, den Lehrer über die Besonderheiten und Bedürfnisse des Kindes aufzuklären und gemeinsam nach einer Lösung zu suchen. Dabei können Sie seine Bedürfnisse beschreibend erläutern oder die Lehrkraft über das gesamte Konzept der Hochsensibilität informieren. Entscheiden Sie dies anhand des Vertrauens zur Lehrkraft und dessen Offenheit in puncto Individualität.

3.4.3 Die Pubertät

Unter Pubertät versteht man die Zeitspanne, in der sich das Mädchen zur Frau und der Junge zum Mann entwickelt. Sie ist die Brücke zwischen Kindheit und Erwachsensein. Das Übergangsstadium ist dabei nicht nur auf die körperliche, sondern auch auf die seelische Entwicklung bezogen und bedeutet nicht selten eine Zeit sozialer und psychischer Unausgeglichenheit. In mehrfacher Hinsicht vollzieht sich ein Wandel: Körperliche und emotionale Veränderungen gehören genauso dazu wie das Hinterfragen von bisherigen Wertmaßstäben mit dem Ziel, ein eigenes Werte- und Moralsystem zu entwickeln und damit auch die Abgrenzung und Ablösung von den Eltern zu erreichen.

3.4.3.1 Die Hürden Hochsensibler in der Pubertät

Der Wunsch nach Sicherheit

Nun haben es hochsensible Jugendliche in mancherlei Hinsicht schwerer als andere, die Pubertät zu meistern. Die Gründe hierfür sind vielfältig. Zum einen lösen Veränderungen bei HSK meist Ängste und Sorgen aus, weil das große Bedürfnis nach Sicherheit gefährdet ist. Zudem sorgt das Verhaltenshemmsystem dafür, dass die „Sturm-und-Drang-Phase" nicht in dem ausgeprägten Maß wie bei anderen ausgelebt wird. Hochsensible vermeiden auch in dieser Lebensphase oft Risiken, sind an der Einhaltung von Regeln interessiert und bevorzugen Einzel- oder Kleingruppenaktivitäten. Im Gegensatz dazu orientieren sich andere Jugendliche an größeren Gruppen, sind risikofreudig, offen für alles Neue und wollen Grenzen testen, indem sie Regeln überschreiten. Dies führt in Summe einmal mehr dazu, dass HSK sich anders fühlen. Umso wichtiger ist es, ihm in einer viel früheren Phase der Kindheit bereits die Unterschiede zwischen hochsensiblen und nicht hochsensiblen Persönlichkeiten zu erläutern.

Der Ablösungsprozess von den Eltern

Im Kindesalter sind Eltern die wichtigsten Vorbilder und leisten dadurch einen großen Teil der Erziehung. Während der Pubertät versuchen Jugendliche, sich von den Eltern zu distanzieren. Dies können sie nur, wenn sie sich nicht mehr an den Eltern orientieren, sondern neue Leitbilder und Beziehungen aufbauen.

„Genauso wie das Kleinkind sich von den Eltern entfernt, um dieses neue Gefühl der Abgrenzung kennen zu lernen, muss sich auch der Jugendliche entfernen, um seine Eltern und die Ursprungsfamilie aus der Ferne zu betrachten und sich kritisch mit ihnen auseinanderzusetzen. In Krisensituationen jedoch braucht er wieder die Familie, die ihn auffängt und stabilisiert", so Spallek.[33]

Eine innerliche und äußerliche Abgrenzung zum Elternhaus ist demnach eine wichtige Entwicklungsaufgabe von Jugendlichen. Diese Abnabelung fällt hochsensiblen Jugendlichen mitunter schwer, weil sie aufgrund ihres hohen Sicherheitsbedürfnisses meist eine intensive emotionale Bindung zu ihren Eltern pflegen. Innere Konflikte sind vorprogrammiert: *„Soll ich meinem Sicherheitsbedürfnis nachgehen und mich an meine Eltern halten oder das Risiko wagen, meinen ganz eigenen Weg zu gehen?"* Diese inneren Konflikte werden Sie als Eltern zu spüren bekommen. Das Wechselspiel zwischen Anhänglichkeit und Ablehnung wirkt mitunter sehr irritierend und ist keinesfalls persönlich zu nehmen. Es hat nichts mit Ihnen zu tun, sondern ist ein notwendiger Schritt innerhalb des Loslösungsprozesses. Fassen Sie es wo irgend möglich als Kompliment auf, wenn Ihr Jugendlicher sich mit Ihnen reibt. Es kann als Zeichen einer engen Bindung gedeutet werden, die allerdings aufgrund des Entwicklungsweges gelockert werden muss.[34] So schreibt Klosinski (2004): *„Je größer die Abhängigkeit vom Elternhaus in Form von innerer Bindung ist oder war, desto größer und heftiger wird die Absetzbewegung der Jugendlichen vollzogen."*[35]

3.4.3.2 Möglichkeiten der Wegbegleitung

Nehmen Sie den Entwicklungsstand der Jugendlichen ernst, und akzeptieren Sie die widersprechenden Signale und Bedürfnisse. Suchen Sie schon früh nach weiteren Bezugspersonen, wie z.b. Jugendleiter, Trainer, Tanten und Onkel etc., die als „Ersatzeltern" fungieren und Sie in der Phase unterstützen können, in denen Sie nicht mehr den gewohnten Einfluss bei Ihrem Kind haben.

Nehmen Sie die Ansichten des Jugendlichen ernst, und zeigen Sie Gesprächs- und Kompromissbereitschaft. Dies signalisiert dem Hochsensiblen, dass er etwas bewegen und sich durchsetzen kann. Hilfreich kann es auch sein, den Jugendlichen zur Unterstützung und Hilfe von alltäglichen oder besonderen Aufgaben heranzuziehen. Dies gibt Ihrem Kind das Gefühl, gebraucht zu werden.

3.5 Zusammenfassung

1. Akzeptieren Sie das Persönlichkeitsmerkmal Ihres Kindes

Vielleicht haben Sie sich bereits während der Schwangerschaft Gedanken gemacht, was Sie mit Ihrem Kind alles machen werden, welche Aktivitäten Sie mit ihm unternehmen möchten, und die hohe Sensibilität Ihres Kindes mit all ihren Herausforderungen hat Sie völlig aus dem Konzept gebracht. Kämpfen Sie nicht dagegen an, je früher Sie Ihr Kind so akzeptieren, wie es ist, und gemeinsam mit ihm die notwendigen Schritte gehen, um ein selbstverantwortliches Leben zu gestalten, desto besser. Ihr Kind wird in seiner Feinfühligkeit schnell merken, ob es mit seiner Art willkommen ist oder Enttäuschungen im Raum stehen.

2. Passen Sie Ihren Alltag an die Hochsensibilität an

Dies ist oft leichter gesagt als getan. Vielleicht merken Sie bereits sehr früh, dass Sie mit Ihrem hochsensiblen Kind nicht von einer Veranstaltung zur nächsten gehen können. Schon im Säuglingsalter quengeln viele HSK, wenn Ihnen aufeinanderfolgende Kurse wie Babymassage, Babyschwimmen, Pekip und Krabbelgruppe in Summe einfach zu viel werden, während dies vielleicht mit einem Geschwisterkind sehr gut funktioniert hat.

3. Helfen Sie dem Kind, die Balance zwischen Aktivität und Rückzug zu finden

Für hochsensible Kinder ist es elementar wichtig, im inneren Gleichgewicht zu bleiben. Dies wird umso schwerer, je stärker äußere Einflüsse im Laufe der Zeit zunehmen. Umso wichtiger ist es, Rückzugsmöglichkeiten zu schaffen, um den notwendigen Ausgleich zwischen An- und Entspannung zu erreichen. Je nach Alter braucht das HSK hier Ihre Unterstützung, insbesondere extrovertierte HSK, die gerne unter Menschen sind und etwas erleben wollen, es zeitgleich aber nicht schaffen, den Ausgleich rechtzeitig umzusetzen.

4. Bereiten Sie neue Situationen so gut wie möglich vor

Dies ist in der Unterstützung eines HSK elementar wichtig und hilfreich. Ihr Kind wird es Ihnen danken. Auch wenn Sie das Gefühl haben, Sie seien ununterbrochen am Reden und Erklären, ist dies die beste Möglichkeit, Ihrem Kind

Sicherheit zu geben. Damit kann es Ängste leichter überwinden.

5. Schaffen Sie Rituale und Regeln

Auch diese kommen dem individuellen Sicherheitsbedürfnis Ihres Kindes entgegen. Insbesondere bei den Unwäg-
barkeiten des Alltags, in der Schule oder in neuen Situationen, wie einem Umzug oder einem Urlaub in der Fremde,
schaffen Rituale einen Ausgleich zu der Anspannung, mit
der Ihr Kind zu kämpfen hat.

6. Lernen Sie, versteckte Signale Ihres Kindes zu verstehen

Nicht immer zeigt das Verhalten des Kindes das wirklich
dahinterstehende Empfinden. Manchmal heißt es, eine
Art Übersetzungsarbeit leisten zu müssen, um den wahren
Kern des Verhaltens herauszufinden und mit dem Kind gemeinsam angemessene Lösungsstrategien zu erarbeiten.

7. Orientieren Sie sich an den Stärken Ihres Kindes

Bei all den Herausforderungen, die es mit einem hochsensiblen Kind zu bewältigen gibt (und im Prinzip gibt es mit
jeder Persönlichkeit Herausforderungen), ist es wichtig,
die schönen Seiten nicht aus den Augen zu verlieren. Wie
oft hat Ihr hochsensibles Kind Ihnen schon Komplimente
gemacht, Ihnen schöne Seiten des Lebens gezeigt und Sie
überrascht mit Fähigkeiten, die Sie nie vermutet hätten?
Notieren Sie sich diese Momente, um sie festzuhalten.

8. Fordern Sie Ihr HSK heraus, aber überfordern Sie es nicht

Auch hochsensible Kinder können herausgefordert werden, immer wieder Grenzen überwinden. Cain (2011)

spricht an dieser Stelle von der „Gummibandtheorie". Sie vergleicht die Persönlichkeit eines Menschen mit einem Gummiband: Jeder Mensch ist bis zu einem gewissen Grad dehn- und belastbar. Nach einer Überbeanspruchung benötigt es dann aber im Gegenzug wieder Situationen, die dem Naturell entsprechen, um sich entspannen zu können und Kraft zu tanken für die nächsten Herausforderungen. Auch hochsensible Kinder können auf gesellschaftliche Großveranstaltungen gehen, können unter Zeitdruck etwas bewerkstelligen, können über eine gewisse Zeit entgegen ihrem Naturell handeln. Wichtig ist nur, dass immer wieder ein Ausgleich stattfindet.[36]

9. Eine Pflanze braucht optimale Bedingungen, um zu gedeihen

Jede Pflanze hat ganz eigene Voraussetzungen, um optimal gedeihen zu können. Auch Kinder mit unterschiedlichen Temperamenten benötigen unterschiedliche Bedingungen. Lernen Sie über hochsensible Kinder hinzu, informieren Sie sich weiter, um damit Wissen darüber zu erhalten, was Ihr Kind benötigt und wie es seine Potenziale entfalten kann.

4 Hinweise für Lehrerinnen und Lehrer

4.1 Allgemeines

Vielleicht denken Sie als Lehrkraft, dass die Hochsensibilität eine neue Erfindung ist, um ADHS abzulösen oder anderen Störungsbildern nicht ins Auge sehen zu müssen. Weit gefehlt. Hochsensibilität existiert als Persönlichkeitsmerkmal schon seit jeher. Schon immer gab es mutige Handler und umsichtige Denker. Dass die Hochsensibilität erst heute vermehrt ins Gespräch kommt, liegt am gesellschaftlichen Wandel. Unser Leben ist viel schnelllebiger geworden. Die Lebenswelt von Heranwachsenden ist oftmals mit großen Herausforderungen gepflastert, die hochsensible Kinder ohne Hilfestellung kaum bewältigen. Aus diesem Grund fallen Hochsensible vermehrt auf. Ein Umfeld zu gestalten, das auch dieser Persönlichkeit Respekt zollt, ist eine wichtige, aber auch herausfordernde Aufgabe.

4.2 Checkliste für Lehrkräfte

Nebst den Fragen von E. Aron zur Einschätzung der Hochsensibilität eines Kindes haben Sie hier die Möglichkeit, anhand mehrerer Aussagen einzuschätzen, ob Sie ein hochsensibles Kind vor sich haben.

Der Schüler/die Schülerin …

☐ ist sehr schreckhaft.
☐ zuckt zusammen, wenn er/sie aufgerufen wird, läuft rot
   an und wirkt wie blockiert.
☐ hält sich bei Gruppenarbeiten stark zurück und lässt andere entscheiden.
☐ redet ungern vor der Gruppe.
☐ kann keine schnellen Antworten geben, reagiert auf Fragen meist sehr spät.
☐ braucht für die Umsetzung einer Aufgabe sehr lange.
☐ kommt bei Aufgaben mit Zeitlimit äußerst schnell unter
   Druck.
☐ hält sich gerne im Hintergrund.
☐ möchte sein Wissen nicht zur Schau stellen.
☐ mag es nicht, im Rampenlicht zu stehen.
☐ muss sehr vorsichtig angefasst werden, ein rauer Tonfall
   sorgt für Rückzugsverhalten.
☐ fühlt sich bei Kollektivstrafen ungerecht behandelt.
☐ hat einen hohen Gerechtigkeitssinn.
☐ hat einen klugen Sinn für Humor.
☐ hat ein ausgesprochen gutes Gedächtnis.

- ☐ ist ein ganzheitlicher Denker und Lerner.
- ☐ ist äußerst introvertiert.
- ☐ ist sehr einfühlsam.
- ☐ setzt sich für schwächere Mitschüler ein.
- ☐ denkt mehr an die Bedürfnisse der anderen als an die eigenen.
- ☐ hat einen für sein Alter ungewöhnlich gehobenen Wortschatz.
- ☐ zeigt seine Leistung dann am besten, wenn man ihm kaum Beachtung schenkt.
- ☐ kommt schlecht mit großen Veränderungen klar (z.B. Raumwechsel, Lehrerwechsel).
- ☐ mag keine Überraschungen.
- ☐ ist selten spontan.
- ☐ ist sehr perfektionistisch und mit sich unzufrieden, wenn eine Leistung nur dem Mittelmaß entspricht.
- ☐ ist lärmempfindlich.
- ☐ kann sich bei Klassenlärm schlecht konzentrieren, wird dann fahrig und unkonzentriert.
- ☐ mag keine turbulenten Spiele im Sportunterricht.

4.3 Wie Lehrer unterstützen können

Lehrkräfte stehen heute mehr denn je vor der Herausforderung, neben der Vermittlung schulischer Inhalte mit den unterschiedlichsten Persönlichkeiten innerhalb einer Klasse umzugehen und eine von Respekt getragene Klassengemeinschaft zu schaffen. Oft ist die Bandbreite an

Charakteren sehr groß, eventuell müssen etliche Kinder mit psychischen Störungen integriert werden. Wenn nun noch die Bitte der Eltern an Lehrer herangetragen wird, sich um die hochsensiblen Kinder zu bemühen, so kann dies zu Recht zu einem Gefühl der Überforderung führen. Als Expertin für hochsensible Kinder möchte ich an dieser Stelle ein Plädoyer für die Betroffenen halten und gleichzeitig auf die Lehrer mit Verständnis eingehen. Hochsensible Kinder sind in einer Klassengemeinschaft üblicherweise diejenigen, die sich ruhig und angepasst verhalten, die versuchen, ihre Schullaufbahn so unauffällig wie möglich zu durchlaufen. Es sind in der Regel dankbare Kinder, denen man das reiche Innenleben und oftmals auch ihr Potenzial nicht ansieht. Sie werden nicht selten verkannt. Dabei brauchen diese Kinder wenig, um sich wohlzufühlen und sich zu integrieren. Es lohnt sich, ein besonderes Augenmerk auf sie zu haben, denn sie können die Klassengemeinschaft durch ihren hohen Gerechtigkeitssinn, ihre Empathie, ihre Anpassungsfähigkeit und ihre Kreativität bereichern.[37]

Aneignung von Fachwissen

Schulklassen sind in den seltensten Fällen homogen. In jeder Klasse finden sich in der Regel Schüler mit den unterschiedlichsten Persönlichkeitsstrukturen wieder. Als Lehrer können Sie davon ausgehen, dass die Hochsensibilität bei ca. 15–20 % Ihrer Schulkinder vorzufinden ist. Aufgrund des hohen Prozentsatzes lohnt es sich in jedem Fall, sich über dieses Persönlichkeitsmerkmal zu informieren. Eignen Sie sich Wissen über die jeweiligen Ausprägungsformen einer Hochsensibilität an, informieren Sie sich über die spezifischen Bedürfnisse, den jeweiligen Lernstil und die Hürden, vor denen diese Kinder mitunter stehen. Hochsensible Kinder profitieren beträchtlich, wenn sie eine Lehrkraft haben, die ehrlich und mit Überzeugung an sie glaubt, sie fördert und wohlwollend fordert.

Die Bedeutung der Klassengemeinschaft

Ein hochsensibles Kind benötigt Zeit, um sich in die Klassengemeinschaft zu integrieren. Es wird zunächst damit beschäftigt sein, sich über Beobachtung und Reflexion ein Bild über die Klassenkonstellation und die Temperamente der jeweiligen Mitschüler zu machen. Wenn es sich sicher fühlt, wird das HSK aktiv werden und zunehmend an der Klassengemeinschaft teilhaben. Geben Sie ihm diese Zeit. Ein ausgeglichenes individuelles Erregungsniveau und eine entspannte Klassenatmosphäre helfen dem Kind zusätzlich, sich an Klassenaktivitäten zu beteiligen. Sollte es längerfristige Integrationsprobleme geben, benötigt es zusätzliche Unterstützung. Setzen Sie das Kind neben Mitschüler, deren Temperament zu einem HSK passt, steuern Sie die Zusammensetzung der Schülergruppen bei der Vergabe von Arbeitsaufträgen, und helfen Sie ihm, seine Bedürfnisse zu äußern und diese auch einzufordern. Bedenken Sie, dass insbesondere interne Klassenkonflikte und ein hoher Lärmpegel als stressig erlebt werden und zu Rückzugsverhalten beim HSK führen können.

Das Erregungsniveau des HSK im Blick behalten

Für ein hochsensibles Kind ist es mitunter schwer, ein optimales Erregungsniveau aufrechtzuerhalten. Unter- und Überforderung können ebenso Stress auslösen wie unvorhergesehene Aktionen, spontanes Aufgerufenwerden und Sprechen vor der gesamten Klasse. Dabei sind die Stress-

symptome sehr unterschiedlich und reichen von Erröten
über plötzliches Verstummen oder Weinerlichkeit bis hin
zum Auftreten unerwünschter Verhaltensweisen. Ist der
Stresspegel zu hoch, kann es zu Blockaden kommen, welche es den Kindern unmöglich machen, ihre Leistungen
zu zeigen. Oft können bereits kleine Unterstützungsmaß-
nahmen Ihrerseits helfen, aus dem Stressmodus herauszutreten. Sorgen Sie durch minimale Interventionen für
Rückzugsmöglichkeiten, sobald Sie merken, dass das Kind
in einen Stressmodus verfällt.

Der Unterricht

Aufgrund ihrer hohen Reizaufnahme profitieren hochsensible Kinder von einer guten Strukturierung des Un-
terrichts. Dabei spielt sowohl die Inhalts- als auch die
Zielklarheit eine entscheidende Rolle. Gut definierte und
umgesetzte Regeln sind das A und O. Je vorhersehbarer
für das Kind ist, was von ihm erwartet wird, desto mehr
Sicherheit kann es aufbauen und sich öffnen. Veränderungen im Tages- oder Stundenablauf, Lehrerwechsel oder andere plötzliche Veränderungen sollten frühzeitig bekannt
gegeben werden. Auf diese Weise kann sich das HSK darauf
einstellen. Halten Sie zusätzlich im Blick, dass die Leistung
eines hochsensiblen Kindes sehr stark vom Klassenklima
und der Menge der einströmenden Reize abhängig ist. Betrachten Sie das Klassenzimmer aus der Perspektive eines
hochsensiblen Kindes: Sitzt das Kind neben einem ruhigen, ihm wohlgesonnenen Kind? Hat es wenige Reize vor
und neben sich? Wie ist das Raumklima? Wie hoch der
Lärmpegel innerhalb der Klasse? Wie konstruiert sich die
Raumstruktur?

Die Leistungsbewertung

Hochsensible Kinder sehen Leistungsbewertungen oft sehr sorgenvoll entgegen. Der Wunsch nach Perfektion und zeitgleich nach Akzeptanz sorgt nicht selten für eine Blockade. So spiegeln mündliche Beiträge und die mündliche Mitarbeit eines HSK selten die wahre Leistungsfähigkeit wider. Sich mündlich zu äußern ist bei ihm mit dem Risiko verknüpft, Fehler zu machen, ausgelacht zu werden und sich zu blamieren. In Folge halten sich diese Kinder oft im Hintergrund. Zu bedenken ist auch, dass hochsensible Kinder das Bedürfnis haben, über Fragen detailliert nachzudenken, bevor sie antworten. Geben Sie ihm, wenn möglich, ausreichend Zeit zur Reflexion. In Brainstorming-Runden werden HSK ihre tiefen Gedankengänge und ihr Wissen nur selten mitteilen können. Zusätzlich zur direkten Leistungsbewertung mit mündlichen Abfragen haben hochsensible Kinder häufig auch Probleme mit schriftlichen Leistungsnachweisen, insbesondere dann, wenn der Zeitdruck sehr hoch ist und die Aufgabenstellungen unübersichtlich generiert sind. Individuelle Lernstandsanalysen können helfen, den aktuellen Wissensstand des Kindes zu ermitteln.

Die Bedeutung der Lehrer-Schüler-Beziehung

Eine gute Lehrer-Schüler-Beziehung ist für alle Kinder und Jugendlichen förderlich. Für besonders feinfühlige Kinder ist ein gutes Miteinander aber elementar und Grundbedingung, um sich innerhalb der Schule entfalten zu können. HSK profitieren laut Untersuchungen erheblich von Lehrpersonen, die Empathie, Verständnis und Gerechtigkeit ausstrahlen. Große Mühe haben diese Schüler hingegen mit Dominanz, Strenge und Autorität.[38]

Noch zwei kurze Hinweise

1. Zeigt das Kind eine Verweigerungshaltung, lohnt es sich auf jeden Fall, die Gründe zu erforschen: Ist es die Angst vor Fehlern, vor einer Blamage, vor dem Auffallen in der Klasse? Wenn Sie wissen, welche Ursache zugrunde liegt, können Sie Sorgen und Ängste des Kindes durch Umsichtigkeit minimieren und sich auch selbst entlasten, indem Sie so längerfristigen Problemen präventiv begegnen.

2. Kollektivstrafen treffen meist die feinfühligen Kinder hart. Durch ihre hohe Anpassungsfähigkeit sind sie oft diejenigen, die sich an Regeln halten, um wenig aufzufallen. Kollektivstrafen sorgen für ein individuelles Gefühl der Ungerechtigkeit bei gleichzeitigem Grübeln über ein eigenes Fehlverhalten, das bei angepassten Kindern meist nicht vorhanden ist. Dies kann zu erheblichen Irritationen führen.

5 Ausblick

Das Thema der Hochsensibilität wird in den letzten Jahren stark diskutiert. Die Positionen sind dabei sehr gegensätzlich. Neben der Frage, wie das Temperamentsmerkmal „Hochsensibilität" genau definiert ist, werden auch verschiedenste Ursachen für das Auftreten der Merkmale verantwortlich gemacht. Die allgemeine gesellschaftliche Entwicklung, mediale Reizüberflutung, Bewegungsarmut, Erziehungsstil, Ernährungsgewohnheiten und vieles mehr werden zur Erklärung herangezogen.

In meiner Beratungspraxis erlebe ich bei all der Diskussion vor allem eines: Kinder und Eltern sind in einem großen Maß erleichtert, dass sie endlich Antworten auf offene Fragen gefunden haben. Hochsensible Kinder spüren, dass sie ernst genommen werden, dass sie nicht verkehrt sind. Diese Erkenntnis schafft oft eine derartige Erleichterung, dass sich im familiären System bereits durch das reine Wissen sehr viel zum Positiven verändert. Die Kinder können ihre Potenziale zeigen und öffnen sich, anstatt sich zunehmend zu verschließen. Wenn dies gelingt, ist ein großer Schritt in die richtige Richtung getan. Es lohnt sich allemal, genauer hinzusehen, welche Persönlichkeit ich vor mir habe, und darauf einzugehen. Die Kinder werden es Ihnen danken.

Abschließend ist mir noch wichtig, Folgendes zu vermitteln: Ich arbeite mit sehr vielen unterschiedlichen Persönlichkeiten. Jedes Individuum ist für mich einzigartig. Eine Bewertung vorzunehmen, welche Persönlichkeit wünschenswerter wäre, welche besser oder schlechter ist, halte ich für verkehrt. In unserer Gesellschaft benötigen wir jede Form von Individualität. Wir brauchen Kinder und Erwachsene, die Neues wagen, Risiken eingehen, einen Forscherdrang haben – und wir brauchen die detaillierten Denker, Reflektierenden und Stetigen. Letztlich heißt es in der Begleitung von Kindern und Jugendlichen immer, zu schauen, wie ich Potenziale wirkungsvoll fördern kann.

6 Wo finde ich Hilfe

Wenn Sie als Eltern – oder auch als Erzieher oder Lehrer – die Vermutung haben, dass ein Kind hochsensibel ist, lohnt es sich zu recherchieren, welche Anlaufstellen es in Ihrer Region für Betroffene gibt. Wenngleich die Temperamentsmerkmale der Hochsensibilität noch immer nicht so bekannt sind wie andere kindliche Störungen, verändert sich die Forschungs-Landschaft im deutschsprachigen Bereich dennoch seit Jahren. Das Netz an Fachkräften, die sich mit Hochsensibilität auskennen, wächst zunehmend. Darunter sind Allgemeinmediziner, Kinderärzte, Sozialpädagogen, Lehrer und Psychotherapeuten zu finden. Sprechen Sie in jedem Fall mit Personen, die offen für dieses Thema sind und gut Bescheid wissen, um falsche Diagnosen, Missverständnisse und Fehldeutungen auszuschließen.

Für Eltern gibt es inzwischen auch regelmäßige Gesprächskreise und Foren, die Austauschmöglichkeit bieten. Dies kann insofern hilfreich sein, als viele Eltern zunächst an ihrer Erziehungskompetenz zweifeln, wenn ihr hochsensibles Kind Auffälligkeiten zeigt. Hören Eltern von Familien, die dasselbe erleben, sorgt dies oft für Erleichterung. Die Erkenntnis, dass es anderen genauso geht, sowie die Anregungen, Informationen und Tipps, die sie im Austausch mit anderen erhalten, können für Eltern sehr entlastend und ermutigend sein.

Vereine / Institute zum Thema Hochsensibilität

- In Deutschland:
  Informations- und Forschungsverbund Hochsensibilität e.V.
  www.hochsensibel.org
- In Österreich:
  Zartbesaitet: Verein zur Förderung hochsensibler Menschen
  www.zartbesaitet.net
- In der Schweiz:
  IFHS
  www.ifhs.ch
- In Italien:
  www.personealtamentesensibili.it
- International:
  www.hsperson.com

Kontakt zur Autorin:

Praxis für Lerntherapie und Hochsensibilität

www.hochsensibel-leben.de, info@hochsensibel-leben.de

Auf der Website erhalten Sie Informationen zu Angeboten und Veranstaltungen rund um das Thema Hochsensibilität.

7 Literaturverzeichnis

Bücherquellen

Aron, E. N., Das hochsensible Kind, München, mvg Verlag, 2010, 2. Auflage

Aron, E. N., Sind Sie hochsensibel?, München, mvg Verlag, 2011, 7. Auflage

Aron, E. N., Hochsensible Menschen in der Psychotherapie, Paderborn, Junfermann Verlag, 2014

Aust-Claus, E. & Hammer, P.-M., Das ADS-Buch, Ratingen, ObersteBrink Verlag, 2005, 10. Auflage

Blumentritt, L., High sensor-processing sensitivity – Eine empirische Studie zu Hochsensitivität, Norderstedt, Books on demand, 2012

Cain, S., Still – Die Bedeutung von Introvertierten in einer lauten Welt, Ratingen, Riemann Verlag, 2011

Dinkel, S., Hochsensibel durch den Tag, Hannover, Humboldt, 2016

Fricke, L. & Lehmkuhl, G., Schlafstörungen im Kindes- und Jugendalter, Göttingen, Hogrefe, 2006

Kagan, J. & Snidman, N., The long shadow of temperament, Cambridge/Massachusetts/London, The Belknap press of Harvard University press, 2004

Karres, B., Komm raus, ich seh dich!, Wien, Festland Verlag, 2016

Klein-Heßling, J. & Lohaus, A., Stresspräventionstraining für Kinder im Grundschulalter, Göttingen, Hogrefe, 1998

Klosinski, G., Pubertät heute – Lebenssituationen, Konflikte, Herausforderungen, München, Kösel Verlag, 2004

Lehrhaupt, L. & Meibert, P., Stress bewältigen mit Achtsamkeit, München, Kösel Verlag, 2011, 4. Auflage

Leuze, J., Empfindsam erziehen, Wien, Festland Verlag, 2010

Lohaus, A., Domsch, H. & Fridrici, M., Stressbewältigung für Kinder und Jugendliche, Heidelberg, Springer Verlag, 2007

Lüling, D. & C., Mit feinen Sensoren – Hochsensitive Kinder verstehen und ins Leben begleiten, Lüdenscheid, Asaph Verlag, 2014

Lüling, D. & C., Lastentragen – die verkannte Gabe, Lüdenscheid, Asaph Verlag, 2008, 4. Auflage

Marletta-Hart, S., Leben mit hochsensiblen Kindern, Bielefeld, Aurum Verlag, 2013

Müller R. & Lang-Bergamin, M., Hochsensible Kinder in der Schule, Masterarbeit, Internationale Hochschule für Heilpädagogik Zürich, 2012

Neff, K., Selbstmitgefühl, Seeheim-Jugenheim, Kailash Verlag, 2012, 4. Auflage

Parlow, G., Zart besaitet, Wien, Festland Verlag, 2003, 2. Auflage

Pfeifer, S., Der sensible Mensch, Witten, SCM R. Brockhaus Verlag, 2009, 7. Auflage

Pluke, R., Parenting the sensitive child, Polen, Amazon fulfillment, 2008

Scholl, N. , Kleine Psychoanalyse christlicher Glaubenspraxis, München, Kösel Verlag, 1980

Schorr, B. , Hochsensibilität – Empfindsamkeit leben und verstehen, Holzgerlingen, SCM-Verlag, 2011

Schüler, D., Schüchterne Kinder stärken, Seeheim-Jugenheim, Amondis Verlag, 2012, 2. Auflage

Spallek, R., Pubertät – Konflikte verstehen, Lösungen finden, Chancen erkennen, Stuttgart, Kreuz Verlag, 2001

Trappmann-Korr, B., Hochsensitiv: Einfach anders und trotzdem ganz normal, Kirchzarten bei Freiburg, VAK Verlags GmbH, 2011, 4. Auflage

Who, In: Scholl, N. Kleine Psychoanalyse christlicher Glaubenspraxis, München, Kösel Verlag, 1980

8 Verwendete Literatur

1 Aron, E., Das hochsensible Kind, München, mvg Verlag, 2010, 2.Auflage

2 in Anlehnung an den Fragebogen von E. Aron (2010)

3 Aron, E., Das hochsensible Kind, München, mvg Verlag, 2010, 2.Auflage, S.13

4 vgl. Aron, E., Das hochsensible Kind, München, mvg Verlag, 2010, 2.Auflage

5 Aron, E., Das hochsensible Kind, München, mvg Verlag, 2010, 2.Auflage, S. 26–27

6 vgl. Blumentritt, L., High sensory-processing sensitivity, Norderstedt, Books on demand, 2012, S. 16–17

7 vgl. Pfeifer, S., Der sensible Mensch, Witten, SCM R. Brockhaus, 2009, 7. Auflage, S. 13

8 vgl. Lüling, D. & C., Mit feinen Sensoren, Lüdenscheid, Asaph Verlag, 2014, 1. Auflage, S. 21

9 Pfeifer, S., Der sensible Mensch, Witten, SCM R. Brockhaus, 2009, 7. Auflage, S. 30

10 vgl. Lüling, D. & C., Mit feinen Sensoren, Lüdenscheid, Asaph Verlag, 2014, 1. Auflage, S. 17

11 vgl. Lüling, D. & C., Mit feinen Sensoren, Lüdenscheid, Asaph Verlag, 2014, 1. Auflage, S. 23

12 vgl. Aron, E., Das hochsensible Kind, München, mvg
   Verlag, 2010, 2.Auflage, S. 45–46

   vgl. Lüling, D. & C., Mit feinen Sensoren, Lüdenscheid,
   Asaph Verlag, 2014, 1. Auflage, S. 23

13 vgl. Aron, E., Das hochsensible Kind, München, mvg
   Verlag, 2010, 2. Auflage, S. 54

14 vgl. Pfeifer, S., Der sensible Mensch, Witten, SCM R.
   Brockhaus, 2009, 7. Auflage, S. 34-35

   vgl. Cain, S., Still, München, Riemann Verlag, 2011,
   1. Auflage, S. 179 ff.

15 vgl. Aron, E., Das hochsensible Kind, München, mvg
   Verlag, 2010, 2. Auflage, S. 14

16 vgl. Schorr, B., Hochsensibilität – Empfindsamkeit leben und verstehen, Holzgerlingen, SCM Verlag, 2011,
   1. Auflage, S. 16–17

   vgl. Trappmann-Korr, Hochsensitiv: Einfach anders
   und trotzdem ganz normal, Kirchzarten, VAK Verlags
   GmbH, 2011, 4. Auflage, S. 54 ff.,

   vgl. Lohaus et al., Stressbewältigung für Kinder und Jugendliche, Heidelberg, Springer Verlag, 2007, 1. Auflage

17 Lohaus et al., Stressbewältigung für Kinder und Jugendliche, Heidelberg, Springer Verlag, 2007, 1. Auflage, S. 11

18 Parlow, G., Zart besaitet, Wien, Festland Verlag, 2003,
   2. Auflage

19 Parlow, G., Zart besaitet, Wien, Festland Verlag, 2003,
   2. Auflage, S. 105

20 Neff, K., Selbstmitgefühl, Seeheim-Jugenheim, Kailash
   Verlag, 2012, 4. Auflage

21 vgl. Neff, K., Selbstmitgefühl, Seeheim-Jugenheim, Kailash Verlag, 2012, 4. Auflage, S. 41

22 vgl. Neff, K., Selbstmitgefühl, Seeheim-Jugenheim, Kailash Verlag, 2012, 4. Auflage, S. 59–145

23 WHO. In: Scholl (1980), S. 173

24 vgl. Aron, E., Das hochsensible Kind, München, mvg Verlag, 2010, 2. Auflage, S. 193 ff.

25 Lohaus et al., Stressbewältigung für Kinder und Jugendliche, Heidelberg, Springer Verlag, 2007, 1. Auflage, S. 8

26 vgl. Aron, E., Das hochsensible Kind, München, mvg Verlag, 2010, 2. Auflage, S. 362 ff.

27 Lehrhaupt, L. & Meibert, P., Stress bewältigen mit Achtsamkeit, München, Kösel Verlag, 2011, 4. Auflage, S. 39

28 vgl. Lehrhaupt, L. & Meibert, P., Stress bewältigen mit Achtsamkeit, München, Kösel Verlag, 2011, 4. Auflage, S. 46

29 vgl. Lüling, D. & C., Mit feinen Sensoren, Lüdenscheid, Asaph Verlag, 2014, 1. Auflage, S. 19

30 vgl. Leuze, J., Empfindsam erziehen, Wien, Festland Verlag, 2010, 1. Auflage, S. 77 ff.

31 vgl. Leuze, J., Empfindsam erziehen, Wien, Festland Verlag, 2010, 1. Auflage, S. 80 ff.

32 vgl. Leuze, J., Empfindsam erziehen, Wien, Festland Verlag, 2010, 1. Auflage, S. 121 ff.

33 Spallek R., Pubertät, Stuttgart, Kreuz Verlag, 2005, 1. Auflage, S. 128

34 vgl. Spallek R., Pubertät, Stuttgart, Kreuz Verlag, 2005, 1. Auflage, S. 130

35 Klosinski, G., Pubertät heute, München, Kösel Verlag, 2004, S. 33

36 vgl. Cain, S., Still, München, Riemann Verlag, 2011, 1. Auflage, S. 184 f.

37 vgl. Aron (2010), S. 464–473

vgl. Lang-Bergamin, M. und Müller, R., Hochsensible Kinder in der Schule, Masterarbeit der interkantonalen Hochschule für Heilpädagogik Zürich, 2012, S. 20–22

38 vgl. Lang-Bergamin, M. und Müller, R., Hochsensible Kinder in der Schule, Masterarbeit der interkantonalen Hochschule für Heilpädagogik Zürich, 2012, S. 52–59

Hilfen für Feinfühlige

Reinhold Ruthe

Hochsensibel
und trotzdem stark

Paperback, 144 Seiten
ISBN 978-3-86506-744-9

Reinhold Ruthe beleuchtet das Phänomen
„Hochsensibilität" umfassend. Dabei gibt
er Betroffenen und Angehörigen wertvolle
Tipps und macht Mut zu einem befreiten
Umgang mit dieser besonderen Gabe.

Brendow.
Verlag | Alles, was Sinn macht!